제국의
그림자

덕혜옹주

정명섭 · 박지선 지음

책우리

덕
혜
옹
주

• 좌로부터 영친왕, 순종, 고종황제, 순종효황후, 덕혜옹주 (덕수궁 석조전에서)

• 어린 시절 덕혜옹주

• 소 다케유키, 덕혜옹주 부부 (1931년 쓰시마 섬)

대한민국 헌법 제1조는 2개 항목으로 되어있습니다.

　① 대한민국은 민주공화국이다.

　② 대한민국의 주권은 국민에게 있고, 모든 권력은 국민으로

　　 부터 나온다.

지금은 너무나 당연해서 학교에서도 굳이 가르치려고 하지
않는 항목이지요. 하지만 우리에게는 임금이 통치하던 시절이
있었습니다. 그 시대에는 혈통에 따라 신분이 나뉘는 것이 당

연시되었습니다. 동방예의지국도 이 혈통 앞에서는 아무 소용이 없었습니다. 구한말에 이 땅을 찾아온 선교사의 눈에 나이가 많은 노인이 이제 막 걸음마를 뗀 것 같은 어린아이에게 굽실거리는 기이한 모습이 보였습니다.

물론 인간이 피와 출생지에 따라서 신분이 구분되는 것은 동서양을 막론하고 오랫동안 있어왔던 풍습입니다. 하지만 그런 구분은 자유롭고 싶어하는 인간의 욕망을 이겨내지 못했습니다. 오늘날 '선진국'이라고 불리는 나라는 신분의 차별을 두지 않고 있습니다. 우리나라 역시 마찬가지입니다.

그렇다면 왜 지금은 사라진 그 시대에 관심을 기울여야만 할까요? 그것은 수천 년간 유지되어왔던 신분제가 무너지는 과정을 통해서 교훈을 배워야 하기 때문입니다. 멸망하는 모든 것들은 비장하다는 얘기가 있습니다만 조선 왕실을 대상으로 한다면 얘기가 달라집니다. 조선 왕실은 국가가 멸망한 이후에도 몰락하거나 큰 피해를 입지는 않았습니다. 국왕이었던 고종과 순종은 비록 격하되기는 했지만 '왕'이라는 칭호를 유지했고, 지위에 걸맞는 막대한 비용을 제공받았습니다. '이왕직'이라는 전담 관청이 고종과 순종, 기타 왕실 사람들에 대한 예우와 지원을 맡았습니다.

우리가 흔히 경술국치라고 부르는 1910년의 한일강제병합조약은 8개 조항으로 되어있습니다. 2000만 명의 민중과 5000년의 역사를 이어온 영토의 주권을 넘기는 조약이 불과 8개의 조항으로 이루어졌다는 사실은 어떤 의미에서는 또 다른 충격이라고 할 수 있습니다. 더 놀라운 것은 그 8개의 조항 가운데 조선 왕실에 관한 문제가 2개 조항이나 있다는 점입니다.

일본국 황제 폐하 및 한국 황제 폐하는 양국 간에 특수하고도 친밀한 관계를 고려, 상호의 행복을 증진하며 동양 평화를 영구히 확보하고자 하며, 이 목적을 달성하기 위해 한국을 일본제국에 병합함이 선책이라고 확신, 이에 양국 간에 병합조약을 체결하기로 결정하고, 이를 위해 일본국 황제 폐하는 통감자작 데라우치를, 한국 황제 폐하는 내각총리대신 이완용을 각기의 전권위원으로 임명하였다. 그러므로 전권위원은 합동협의하고 다음의 제조를 협정하였다.

제1조 한국 황제 폐하는 한국 정부에 관한 일체의 통치권을 완전, 또 영구히 일본국 황제 폐하에게 양여한다.

제2조 일본국 황제 폐하는 전조에 기재한 양여를 수락하고 전연 한국을 일본제국에 병합함을 승낙한다.

제3조 일본국 황제 폐하는 한국 황제 폐하, 태황제 폐하, 황태자 전하 및 그 후비 및 후예를 각기 지위에 상응하는 존칭위엄 및 명예를 향유케 하고, 또 이를 유지함에 충분한 세비를 공급할 것을 약조한다.

제4조 일본국 황제 폐하는 전조 이외의 한국 황족 및 그 후예에 대하여도 각기 상응의 명예 및 대우를 향유하게 하며, 또 이것을 유지함에 필요한 자금의 공급을 약속한다.

제5조 일본국 황제 폐하는 훈공 있는 한국인으로서, 특히 표창에 적당하다고 인정된 자에 대하여 영작(榮爵)을 수여하고, 또 은급을 줄 것이다.

제6조 일본국 정부는 전기 병합의 결과로 한국의 시정을 담당하고 같은 뜻의 취지로 시행하는 법규를 준수하는 한인의 신체 및 재산에 대하여 충분히 보호해주며, 또 그들의 전

체의 복리 증진을 도모할 것이다.

제7조　일본국 정부는 성의로써 충실하게 신제도를 존중하는 한
　　　　국인으로서 상당한 자격을 가진 자를 사정이 허락하는 한
　　　　한국에 있어서의 일본국 관리로 등용할 것이다.

제8조　본조약은 일본국 황제 폐하 및 한국 황제 폐하의 재가를
　　　　받은 것으로서 공포일로부터 이를 시행한다. 이상의 증거
　　　　로서 양국 전권위원은 본조에 기명 조인한다.

　'한일강제병합조약'의 총 8개 조항 중에서 제3조는 고종과
순종에 대한 신분 보장과 경제적인 안정을 약속했고, 제4조는
이른바 황실의 구성원에 대해서도 지위에 걸맞는 대우를 해주
겠다고 보장했습니다. 왜 일본은 틈만 나면 발목을 잡고 저항
하던 밉상스러운 고종과 그 일족들에게 이런 약속들을 했을까
까요?

　왕실을 우대함으로서 조선 민중의 저항을 누그러뜨리고, 일
본이 조선을 집어삼킨 것이 대단히 평화롭게 진행되었다는 점
을 서구 열강들에게 자랑하려는 목적이 있었습니다. 실제로

3.1 만세 운동은 독살설이 나돌았던 고종의 국장일에 맞춰서 일어났습니다. 3.1 만세 운동의 폭발력의 발화점은 바로 왕실, 그것도 고종이라는 존재에 맞춰져있었습니다.

하지만 민중의 이런 저항과는 관계없이 왕실의 구성원들은 유유자적한 시절을 보냈습니다. 비록 유학을 명목으로 일본으로 끌려가서 일본인 배우자와 혼인을 해야만 했지만 같은 시대의 그 누구보다, 심지어 일본에서도 손꼽힐 정도로 높은 지위를 보장받았습니다.

고종과 순종이 승하하고 그 후손들이 일본 귀족으로 살아가면서 왕실은 점점 우리와 멀어졌습니다. 그래서 고종의 죽음에 분노해서 만세 운동을 일으킨 민중은 광복을 맞이하면서 왕실을 잊어버렸습니다. 대한민국 정부가 정식으로 수립될 때 어느 누구도 왕실의 복권, 심지어 입헌군주제조차 주장하지 않았던 것입니다. 이런 극적인 결별은 왕실이 맡겨진 역할을 하지 못했다는 데 있습니다. 덕분에 한국인들은 군주제라는 오랜 전통을 스스로 벗어던지고 모든 국민이 평등한 주권을 행사할 수 있는 민주공화국으로 나아갈 수 있었던 것입니다.

고종과 순종에 대해서는 많이 알려져 있습니다. 하지만 그들의 후손들이 어떤 삶을 살았는지에 대해서는 알려진 바가 적습니다.

고종의 아들이자 순종의 후계자로 낙점되었던 영친왕 이은은 1907년 이토 히로부미에 의해 유학이라는 명목으로 일본으로 건너가야만 했습니다. 그곳에서 철저하게 일본인으로서 교육을 받게 됩니다. 그리고 일본 귀족 겸 군인의 삶을 살아갑니다. 일본 귀족과 혼인을 해서 조선의 일본화를 상징하는 존재가 되기도 했지요. 광복 후에도 일본에서의 삶을 이어가다가 우여곡절 끝에 1963년 의식을 잃은 몸으로 귀국합니다. 침대에 누운 채 조국으로 돌아온 그는 끝끝내 침대를 벗어나지 못하고 세상을 뜹니다.

영친왕 이은의 배다른 형인 의친왕 이은의 둘째 아들 이우는 훤칠한 외모와 일본에 대한 반항심으로 우리에게 기억됩니다. 일제가 패망하기 직전인 1945년 8월 6일 히로시마에 투하된 원자폭탄에 희생되면서 불멸의 존재로 남게 됩니다.

이우의 배다른 형인 이건은 여러모로 이우와 다른 길을 걷습니다. 이우만 편애하는 아버지에 대한 비뚤어진 반항심은 결국 광복 후에 일본인으로서 살아가는 길을 걷도록 만듭니다. 다른 왕실 구성원들이 그래도 조국으로의 귀향을 꿈꿨다면 그는 모모야마 켄이치라는 일본 이름과 일본 국적을 얻어서 완전한 일본인으로 살아가는 것을 꿈꿨습니다.

민갑완은 영친왕 이은의 약혼자라는 명분을 지키기 위해 평생을 바쳤습니다. 나라를 팔아먹은 왕실 사람들조차 호의호식하면서 지내던 그 시절에 민갑완은 온갖 압력을 무릅쓰고 자신의 절개를 지킴으로서 사람이란 어떤 길을 가야만 하는가를 명백하게 보여줬습니다.

덕혜옹주는 우리에게 비극으로 기억됩니다. 어린 나이에 일본으로 끌려갔다가 일본인과 정략결혼을 해야만 했고, 정신질환을 앓다가 하나뿐인 딸을 잃고 상처 입은 몸으로 조국으로 돌아와야만 했습니다. 낙선재에 머물면서 마지막 삶을 보내던 그녀가 유일하게 얘기할 수 있었던 이름은 부모나 남편이 아닌 자신보다 일찍 세상을 떠난 딸 정혜였습니다.

'격동기'라고 불리는 시대는 사람들에게 다양한 삶을 살아가도록 강요합니다. 그때 어떤 결정을 내리고 어느 길을 가느냐에 따라 그 사람의 일생이 결정되고 기억됩니다. 꽃길을 걷기 위해 악명을 남기던 친일파가 존재했고, 가시밭길을 걸으면서 불멸의 명성을 남긴 독립운동가도 있습니다. 이 책에 나온 네 명은 각자의 길을 걸으면서 역사 속에 흔적을 남겼습니다. 이들의 삶을 통해 나는 어떤 길을 걸어야 할지 질문하고 싶습니다. 특히 자신의 삶을 결정해야만 하는 청소년들에게 묻고 싶습니다. 인생은 공부와 학교가 전부는 아니니까요.

정명섭 그리고 박지선

제 1 장

덕
혜
옹
주

덕혜옹주

덕혜옹주를 아십니까?

조선이라는 나라가 사라진 이후 왕실의 후손으로 태어난 그녀
는, 어린 나이에 강제로 일본으로 끌려갔답니다. 덕혜옹주는
그곳에서 혼자 외롭게 지내야만 했습니다. 그리고 일본 귀족과
강제로 결혼을 하는 비극을 겪습니다.

그녀의 비극은 여기에서 끝나지 않았습니다. 타국에서 홀로
외롭게 지내고 원하지 않았던 결혼을 해야만 했던 그녀에게 정
신적으로 문제가 생긴 겁니다. 그래서 10여 년간 정신병원에서
홀로 지내야만 했지요. 그러는 동안 하나뿐인 딸은 영영 실종

되었고, 남편과도 이혼하는 아픔을 겪습니다. 주변의 도움으로 40여 년 만에 꿈에도 그리던 고국으로 돌아오지만, 이미 망가질 대로 망가진 그녀는 제대로 된 삶을 살아가지 못합니다.

덕혜옹주의 비극은 지난 시대 우리 민족이 겪었던 아픔을 상징합니다. 그럼 지금부터 그녀의 삶을 통해 우리 민족의 지난 시대를 알아보도록 하겠습니다.

사라진 나라의 왕족으로 태어나다.

덕혜옹주는 1912년에 태어났습니다. 그녀의 삶을 이야기하기 전에 먼저 당시 조선이 처한 상황을 얘기해야 할 것 같네요.

19세기에 접어들면서 조선의 바다에는 낯선 배들이 나타납니다. 이 배들은 조선 주변 바다의 수심을 측량하고 통상을 요구하면서 민심을 술렁거리게 만들었습니다. 그 배들은 멀리 바다 건너 불란서(佛蘭西, 프랑스)와 영길리(英吉利, 영국), 미리견(彌利堅, 미국)이라는 나라에서 왔습니다. 검은 연기를 토해내는 이 배들은 이양선(異樣船)이라고 불렸습니다. '모양이 다른 배'라는 뜻이지요. 이양선의 출몰은 기울어져가는 조선의 운명을 더욱 더 어둠으로 몰아넣었습니다.

정조의 죽음 이후 안동 김씨의 세도정치(勢道政治)*가 지속되면서 조선은 기울어질 대로 기울어졌지요. 젊은 시절부터 세도정치라는 괴물을 지켜보던 흥선군 이하응은 조용히 몸을 낮춘 채 때를 기다렸습니다. 1863년, 안동 김씨가 내세운 철종이 후사를 남기지 않고 세상을 떠나자 이하응은 몸을 일으켰습니다. 순조의 아들 효명세자의 부인이었던 조대비와 손을 잡은 이하응은 자신의 둘째 아들 이명복을 왕위에 앉히는데 성공합니다.

당시 이명복의 나이는 고작 12살, 그래서 정권은 이하응의 손에 들어갔습니다. 흥선대원군**이 된 이하응은 안동 김씨 세력을 축출하는 등 흔들리던 조선을 바로잡기 위해 안간힘을 씁니다. 하지만 그의 개혁은 근본적인 한계에 부딪혔지요. 그래서 흥선대원군도 조선의 마지막을 막지 못했습니다.

---

* 왕의 총애를 받는 신하나 외가 쪽 친척이 권세를 누리며 마음대로 다스리는 정치다.

** 대원군은 '왕의 아버지'를 말한다.

그 와중에 프랑스와 미국이 선교사 피살과 상선 격침 등을 명분으로 조선의 강화도를 침범합니다. 두 차례의 침입으로 조선은 적지 않은 피해를 입지만 끝끝내 버텨냅니다. 흥선대원군은 전국 방방곡곡에 척화비(斥和碑)*를 세우면서 서양 세력들과 타협하지 않겠다는 뜻을 천명합니다.

하지만 흥선대원군이 권좌에서 물러나면서 변화의 조짐이 찾아옵니다. 아버지를 몰아내고 직접 통치하게 된 고종은 일본이 사소한 무력 충돌을 이유로 영종도를 포격하고 침범한 운요호 사건을 일으키자 저항 대신 협상을 선택합니다. 바다 건너 멀리 떨어져있는 미국이나 프랑스와는 달리, 일본은 임진왜란 때처럼 더 많은 군대로 조선을 침략할 수 있었으니까요. 시대적 흐름도 더 이상 거스를 수 없었고요.

1875년, 마침내 조선은 일본과 강화도조약을 맺습니다. 하지만 서구 열강들로부터 다른 나라들을 식민지로 만드는 제국주의를 배운 일본은, 조선에 노골적인 야심을 품은 상태였습니다. 아버지의 굴레를 벗어난 고종에게는 이로써 새로운 시대가

---

* 조선을 침범하는 서양 오랑캐들과는 평화롭게 지낼 수 없다는 내용을 적은 비석이다.

펼쳐지게 된 것이지요.

　조선의 제26대 임금 고종은 파란만장한 생애를 보냈습니다. 원래 흥선대원군 이하응의 둘째 아들이던 그는 왕위와는 거리가 멀었습니다. 군밤과 연날리기를 좋아했던 어린아이였을 뿐이고요. 하지만 아버지가 철종이 죽은 뒤 왕실의 최고 어른인 조대비와 손잡고 그를 왕위에 올리면서 운명이 바뀌었지요. 흥선대원군은 왕이 아직 어리다는 이유로 정권을 장악합니다.

　큰아들이 아닌 둘째 아들을 왕위에 올린 이유는 이렇듯 어린 나이를 이유로 들어 오랫동안 섭정하기 위해서였지요. 그래서 어린 고종은 뒷전으로 밀려납니다.

　고종이 정치 전면에 나선 것은 부인 중전 민씨 때문이었습니다. 중전 민씨는 시아버지인 흥선대원군의 세력을 궁궐에서 밀어냅니다. 하지만 고종은 이로써 아버지 대신 부인에게 휘둘리게 되었지요. 민씨 집안의 횡포 때문에 구식 군인들이 봉기한 임오군란*부터, 김옥균을 중심으로 한 개화파들이 일본과 손잡

---

* 임오년인 1882년에 신식 군대인 별기군에 밀려 차별받던 구식 군인들이 급료 문제로 민씨 집안의 머슴들과 싸우면서 시작된 폭동이다.

고 일으킨 갑신정변까지 고종을 둘러싼 정치적 상황은 계속 급변합니다.

고종이 숨통을 튄 것은 역설적으로 을미사변*으로 중전 민씨가 비명에 간 다음이었습니다. 고종은 일본과 친일파 세력에 의해 경복궁에 유폐되다시피 했지요. 이때 그를 돌본 이가 바로 귀인 엄씨, 훗날 '엄비'라고 불리게 된 여인이었습니다.

1896년 조선의 근대화를 목표로 하는 독립협회가 결성되면서 잠시 희망의 불꽃이 타오릅니다. 독립협회는《독립신문》을 발간하고, 만민공동회**를 개최해서 조선의 근대화를 위해 노력합니다. 하지만 독립협회가 자신의 권력에 도전하는 기미를 보이자 고종은 군대를 동원해서 만민공동회를 해산하고 독립협회의 간부들을 체포합니다. 이렇게 조선이 개화와 쇄국 사이에서 방황할 때, 침략할 준비를 마친 일본은 조선을 차근차근 집어삼킬 준비를 합니다.

일본은 1894년 청일전쟁을 통해서 조선을 놓고 각축을 벌이

---

* 을미년인 1895년에 일본군의 지원을 받은 일본 낭인들이 경복궁을 습격하여 중전 민씨를 살해한 사건이다.

** 1898년 서울 종로에서 열린 민중 모임이다.

던 청나라를 몰아냅니다. 이후에는 한걸음 더 나아가서 1904년 러일전쟁을 일으켜 마지막 경쟁자인 러시아를 패배시킵니다. 두 차례의 전쟁을 통해 일본은 조선에 대한 지배권을 확고하게 장악합니다. 1905년 7월에는 미국과 가쓰라—테프트 조약을 맺음으로써 제국주의 열강들로부터 조선을 식민지로 삼는 것에 대한 최종적인 승인을 받습니다.

마침내 1905년 11월, 을사늑약을 체결하면서 조선의 외교권을 빼앗는 데 성공합니다. 일본이 러시아의 견제를 받아서 주춤하는 사이 고종은 조선이 '대한제국'임을 선포하고 과감한 개혁을 시도합니다. '광무개혁'이라고 불리는 이 개혁은 군대를 개편하고, 상공업을 진흥시키는 데 중점을 두었지요. 하지만 고종의 권력을 강화시킨다는 한계도 명백하게 가지고 있었습니다. 그나마 러일전쟁에서 일본이 승리하면서 막을 내리고 말았고요.

을사늑약을 강제로 체결한 일본은 조선에 통감부를 설치합니다. 초대 통감에는 침략의 선봉장 노릇을 했던 이토 히로부미가 임명되었지요. 대한제국 전국에서는 일본에 저항하는 의병들이 봉기했지만, 일본은 군대를 동원해서 진압합니다.

을사늑약으로 외교권을 잃은 고종은 포기하지 않고 1907년에 네덜란드의 헤이그에서 열리는 제2회 만국평화회의에 주목했습니다. 그래서 일본이 저지른 침략의 부당함을 만국평화회의에서 호소하기 위해 밀사단을 보냈지요. 이준, 이상설, 이위종으로 구성된 밀사단은 헤이그에 도착하지만 회의 참석을 거부당합니다. 일본의 방해로 "을사늑약에 따라 대한제국의 외교권은 일본이 대신 행사한다"는 것이 회의 주최 측의 거부 이유였지요. 세 사람은 굴복하지 않고 서구 언론에 억울함을 호소하는 등 백방으로 노력합니다. 하지만 결국 실패했지요.

고종이 헤이그에 밀사단을 파견한 사실을 뒤늦게 알아차린 이토 히로부미는 펄쩍 뛰었습니다. 그리고 고종을 협박해서 강제로 퇴위시키고 순종을 즉위시킵니다. 그 정도에서 그쳤으면 불행 중 다행이게요. 이토 히로부미는 '정미 7조약'이라고 일컬어지는 한일신협약까지 체결해서 외교권에 이어 관리임용권마저 빼앗아갔습니다. 그리고 비용 절감을 이유로 군대까지 해산시킵니다.

퇴위한 고종은 '덕수궁'으로 이름을 바꾼 경운궁에 머물게 됩니다. 한때는 조선을 부강하게 만들겠다면서 수많은 정책을 시행했던 고종은, 이제 허물어져가는 조선을 지켜봐야만 하는 운명에 처했습니다.

1909년 총리대신 이완용과 제2대 통감 소네 아라스케는 5개 조항으로 이루어진 기유각서를 체결합니다. 마지막으로 남은 사법권마저 가져간 이 조약으로 인해 일본의 조선 병합은 요식 행위만 남았습니다. 우리가 아는 것은 1910년의 강제병합이지만, 그 이전부터 일본은 차근차근 우리의 권리를 빼앗아간 것이지요.

일본에 의한 강제병합은 조선의 운명을 송두리째 바꿔버립니다. 수많은 독립운동가들이 목숨을 걸고 빼앗긴 나라를 되찾기 위해 싸우는 사이, 대한제국을 선포하고 황제의 자리에 올랐던 고종과 왕실 구성원들은 조용히 일본 왕실에 편입됩니다. 1910년 8월 22일에 맺어진 한일병합조약 제3조에는 고종과 순종을 비롯한 조선 왕실 구성원들을 어떻게 대우할지에 대한 내용이 들어있습니다.

일본국 황제 폐하는 한국 황제 폐하, 태황제 폐하, 황태자 전하 및 그 후비 및 후예를 각기 지위에 상응하는 존칭위 엄 및 명예를 향유케 하고, 또 이를 유지함에 충분한 세비 를 공급할 것을 약조한다.

일본이 조선을 강제로 집어삼킨 지 일주일 후인 1910년 8월 29일, 조선 왕실을 어떻게 대우할지에 대한 내용이 담긴 일왕의 조서가 내려옵니다. 이로써 조선 왕실은 '이왕가(李王家)'로서 일본의 왕족에 편입됩니다. 물론 정식으로 편입된 것은 아니고, 별도의 존재로 취급한 것이지요.

어쨌든 이로써 조선 왕실은 대한제국과 함께 사라지는 대신 '이왕가'로서 명맥을 유지하게 됩니다. 고종과 순종의 가족들은 왕족으로 지정되고, 그 외의 왕실 구성원들은 모두 공족이 되었지요. 그리고 모두 일본으로부터 생활비를 지급받게 됩니다. 왕실을 예우함으로써 식민지가 된 조선의 반발을 억누르려는 속셈이었던 것이지요. 왕실 구성원들이 일본에 저항하는 것도 포기하게 만들었고요. 그리하여 이왕가에 관한 업무를 총괄할

'이왕직'이라는 관청도 세워지고, 친일파 대신이던 민병석이 초대 이왕직장관의 자리에 오릅니다.

아이러니한 것은 일본이 지급하기로 약속한 세비는 막대한 왕실 재산을 처분한 것에 비하면 새 발의 피 수준이었다는 겁니다. 아울러 세비를 사용할 때에는 이왕직장관과 조선총독, 일본 궁내성(宮內省)*대신의 허락을 받아야 했지요. 결국 나라를 잃은 왕실은 조롱 속에 갇힌 새나 다름없는 신세가 되었습니다.

덕혜옹주는 이렇듯 국가는 사라졌지만 왕실은 살아남은 이상한 상황 속에서 태어납니다. 아버지 흥선대원군을 비롯한 조상님들이 500년간 이어온 나라를 빼앗겼으니 고종의 상실감은 이루 말할 수 없었을 겁니다. 물론 궁궐 밖 백성들의 삶은 이루 말할 수 없을 정도로 고통스러웠지요. 수많은 독립운동가들이 빼앗긴 나라를 되찾기 위해 목숨을 걸고 싸워야만 했고요. 그러나 고종이 할 수 있는 일은 아무것도 없었습니다.

그런 상황에도 궁궐에 들어온 궁녀들은 잇달아 성은(聖恩)**을

---

* 일본 왕실이나 국왕과 관련된 업무를 담당하는 기관이다. 제2차 세계대전 패전 후 궁내청으로 이름을 바꾸었다.

** 밤에 임금과 잠자리를 함께하는 일이다.

입습니다. 그중 복녕당 양씨가 덕혜옹주를 낳았고요.

"팔자 좋습니다, 임금님!"이라는 비아냥거림을 들어도 고종이 뭐라 대구할 수 없었을 것 같네요. 실제로 고종은 을미사변으로 중전 민씨를 잃은 지 일주일 만에 예전에 총애하던 엄 상궁을 궁궐로 들였습니다. 그리고 러시아 공사관으로 피난했던 아관파천 때 엄상궁, 즉 엄비는 아들 이은을 잉태합니다. "국가의 운명을 한치 앞도 내다볼 수 없는 위험한 상황인지라 외국 공사관으로 도피한 상황에서 무슨 짓입니까!"라고 항의하고 싶네요. 하지만 후계자를 많이 만드는 것은 군주의 임무이기도 합니다. 순종이 있었지만 누군가에 의해 아편이 든 커피를 마시는 바람에 몸이 극도로 쇠약해진 상태였습니다.* 더군다나 순종도 아들이 없었던지라 고종에게는 또 다른 후계자를 남겨야 하는 의무가 있었습니다.

물론 그런 이유 때문만은 아니었지요. 헤이그 밀사 사건 이후 퇴위하고 덕수궁에 유폐된 고종은 엄청난 상실감과 고독을 느꼈습니다. 더군다나 중전 민씨의 죽음 이후 그를 돌봐줬던

---

* 1898년 9월 12일에 전 러시아어 통역관 김홍륙이 고종과 당시 황태자였던 순종을 독살하려다 미수에 그친 사건 때문이다.

엄비 역시 1911년에 세상을 떠나면서 홀로 남겨졌지요. 이런 상황에서 태어난 덕혜옹주는 아버지인 고종의 사랑을 듬뿍 받게 됩니다.

동서고금을 막론하고 아버지들은 '딸바보'라고 합니다. 특히, 덕혜옹주는 고종이 환갑의 나이에 얻은 늦둥이 딸이었기에 더욱 귀여웠겠지요. 고종은 덕혜옹주를 보면서 실패와 좌절로 점철된 자신의 삶을 차분하게 돌아봤을지도 모릅니다. 아마 어린 딸에게서 미래에 대한 희망을 찾았을지도 모르고요. 고종이 덕혜옹주를 얼마나 귀여워했는지를 알려주는 재미난 일화가 있습니다. 덕혜옹주의 유모 변복동 상궁이 누워서 젖을 먹이고 있을 때였어요. 갑자기 고종이 들어왔습니다. 놀란 변복동 상궁이 일어서려고 하자 고종은 손을 들어서 만류했습니다.

"괜찮다. 아이가 놀라서 깨면 안 되니까 그냥 누워있어라."

"화, 황송하옵니다."

고종의 사랑을 듬뿍 받은 덕혜옹주의 어머니인 '복녕당 양씨"는 어떤 여인이었을까요? 그녀의 오라비인 양상관이라는 인물이 장사꾼이었다는 것을 보면 신분이 높은 집안 출신은 아니었던 것으로 보입니다. 한양에서 태어난 그녀는 을사늑약이 체결된 1905년, 창덕궁에 궁녀로 들어왔습니다. 이후 고종이 있는 덕수궁으로 옮겼고요. 헤이그 밀사 사건으로 퇴위한 고종은 중전 민씨의 죽음 이후 자신의 곁에 있던 엄비마저 세상을 떠나자 젊은 궁녀들에게서 위안을 찾았습니다. 양씨도 그중 한 명이었지요. 그렇게 1912년 5월 25일, 환갑을 맞이한 고종의 딸 덕혜옹주가 태어났습니다.

고종은 이 시기에 다른 궁녀들에게서도 자식을 보았지만, 다들 일찍 세상을 떠나고 덕혜옹주만 잘 자랐다고 합니다. 늦둥이 딸에게 푹 빠진 고종은 거의 매일 덕혜옹주가 있는 복녕당에 가서 몇 시간이고 딸을 들여다봤다고 합니다. 나라를 잃은 슬픔을 느지막한 나이에 얻은 어린 딸을 보면서 잊고 싶었을지도 모르겠습니다. 이렇게 아버지의 사랑과 애정 속에서 덕혜옹주는 무럭무럭 자랐습니다. 고종은 나날이 커지는 덕혜옹주를 위해서 덕수궁 안의 즉조당에 유치원을 만듭니다. 이 유치원에는 덕혜옹주와 또래의 고위 관료 자제들이 다녔습니다. 유치원에서 아이들을 돌본 이들은 조선인과 일본인 보모들이었습니다. 일본이라는 침략의 바람이 궁궐의 담장 안까지 불어닥친 것이지요.

덕혜옹주는 유치원생들 중에서 가장 어렸지만 고종의 딸이었기에 다들 존댓말을 써야만 했답니다. 물론 궁녀들이 따라다니면서 일일이 시중을 들었고요. 고종은 어린 딸을 가마에 태워서 유치원에 보내는 등 애지중지 길렀다고 하네요. 모든 것을 다 잃은 고종에게 어린 덕혜옹주가 무럭무럭 자라는 것을 보는 것은 얼마 안 남은 삶의 낙이었던 겁니다.

이름을 얻다

이렇게 아버지 고종에게서 사랑을 받으면서 자랐지만 그녀에게는 이름이 없었습니다. 덕혜옹주라는 이름은 나중에 지어진 것이지요. 이때까지는 그냥 '복녕당 아기씨'라고 불렸습니다. 복녕당에서 태어났다는 뜻일 뿐, 정식 호적에는 오르지 못한 겁니다. 이 시기에는 조선이라는 나라가 없었고, 임금이자 아버지인 고종 역시 아무런 실권이 없었습니다. 왕실 관련 사무 일체는 이왕직이라는 관청에서 관리했고, 조선은 일본에서 파견한 총독이 다스리고 있었으니까요. 따라서 그녀를 고종의 정식 자식으로 인정하려면 여러 절차와 과정이 필요했습니다.

가장 큰 문제는 이왕직이나 조선총독 모두 고종의 늦둥이 딸을 호적에 올릴 생각이 없었다는 겁니다. 그렇다면 왜 그들은 고종의 어린 딸 덕혜옹주의 존재를 부정했을까요? 그것은 아마도 '예산만 낭비하는 왕족'이 늘어나는 것을 막기 위해서가 아닐까 싶습니다. 일본이 조선을 병합한 이유는 수탈과 착취를 위해서였지요. 그러니 공연히 예산만 낭비되는 일은 피하려고 한 것이지요. 그래서 고종은 나날이 커가는 덕혜옹주를 보면서 어떻게 호적에 올릴지 고민해야만 했습니다. 고민을 거듭하던 고종이 무릎을 쳤습니다.

"옳거니, 그렇게 하면 되겠군!"

얼마 후, 고종은 초대 조선총독인 데라우치 마사타케가 덕수궁을 찾아오자 이런저런 얘기를 나누다가 갑자기 화제를 돌렸습니다. 바로 한창 자라는 딸 덕혜옹주 얘기였지요.

"어찌나 귀여운지 눈에 넣어도 아프지 않을 지경이라오."

"어린아이들은 언제나 귀여운 법이지요."

데라우치 총독이 맞장구를 쳐주자 고종은 덕수궁 안에 만들어놓은 유치원으로 데리고 갔습니다. 그리고 그곳에서 동무들과 놀고 있는 덕혜옹주를 불러다가 인사를 시키는 자리를 마련했지요. 그리고 자신이 요즘 유일하게 위안으로 삼는 것이 바로 늦게 본 딸의 재롱을 보는 것이라고 얘기했습니다. 고종이 덕혜옹주를 자신의 딸이라고 직접 얘기하자 데라우치 총독도 더 이상 외면할 수 없게 되었지요. 총독부로 돌아온 데라우치 총독은 이왕직장관 민병석에게 전화를 걸어서 덕혜옹주를 호적에 넣으라고 지시합니다.

며칠 후, 그 소식을 들은 고종은 크게 기뻐했습니다. 하지만 그 일은 고종과 덕혜옹주 모두에게 비극이 되었습니다. 조선의 왕족이 되었다는 것은 일본의 지배 체제에 편입되었다는 것을 의미했으니까요. 덕혜옹주가 겪은 비극은 걸음마를 떼기 전부터 접해야 했던 일본이라는 존재였습니다. 조선의 왕녀였지만, 그녀의 운명을 결정하는 것 역시 일본이었던 겁니다. 곁에는 일본어를 하는 보모가 있었고, 일본어를 배우고 일본옷을 입어야만 했습니다.

일본은 조선을 강제로 병합한 뒤 왕족들에 대해 두 가지 원칙을 정했습니다. 하나는 일체의 정치적 영향력을 발휘하지 못하게 하는 것이고, 두 번째가 철저한 일본화였습니다. 일본식으로 교육시키고 일본인과 혼인을 시켜 조선 왕족으로서의 정체성을 잃도록 만드는 것이지요. 고종이나 순종에게는 두 번째 조항이 해당되지 않았지만, 아직 어린 왕족들에게는 가능했습니다. 그리고 그 원칙을 고스란히 적용당한 덕혜옹주의 인생은 비극으로 점철되었습니다.

어린 시절 덕혜옹주의 운명을 상징하는 사건이 두 가지가 있습니다. 하나는 약혼 문제였고, 또 하나는 일본어로 된 동시를 작사했다는 점입니다. 고종은 일본이 혹시나 영친왕 이은처럼 덕혜옹주도 일본으로 끌고 가지 않을까 걱정했습니다. 그래서 그녀에게 일찌감치 배필을 정해주려고 했습니다. 고종은 측근이자 시종인 김황진을 은밀히 불러서 부탁했습니다.

"자네도 알다시피 과인의 딸이 크면 왜놈들이 데려갈 수도 있느니라."

"어떻게든 막아야 하지 않겠습니까?"

"과인은 일단 적당한 배필과 짝을 지어서 약혼시킬 생각이니라. 그러면 저들도 어찌하지는 못하겠지."

"참으로 좋은 방법입니다. 신이 적당한 배필을 찾아보겠습니다."

그렇게 해서 선택된 덕혜옹주의 남편감은 김황진의 조카 김장한이었습니다. 전해지는 얘기에 따르면 김황진이 어린 김장한과 함께 한밤중에 몰래 담장을 넘어서 고종과 만났다고 하네요. 고종은 덕혜옹주 또래의 김장한을 보고 어떤 생각을 했을까요? 아쉽지만 김장한과 덕혜옹주의 혼인은 이루어지지 않았습니다. 이 사실을 눈치 챈 일본이 김황진을 덕수궁에서 내쫓아버렸으니까요. 언제 발생한 일인지 정확하게 알려지지는 않았지만, 아마 고종이 죽기 전이니까 1918년 즈음이었을 겁니다. 덕혜옹주가 여섯 살 정도 되었을 무렵이지요.

1919년 1월 21일, 덕혜옹주를 혼인시키겠다는 계획이 실패한 후 고종은 의문의 죽음을 맞이합니다.

그 당시 사람들은 고종의 갑작스러운 죽음에 의심을 품었습니다. 일본이 직접, 혹은 일본과 결탁한 매국노들의 소행일 것이라고 추측했지요. 이에 따른 분노는 고종의 국상일을 맞이해서 3.1 만세 운동으로 번집니다. 덕수궁 안의 덕혜옹주는 아무것도 모른 채 지냈지만 독살이든 자연사든 고종의 죽음은 어린 덕혜옹주의 운명을 뒤흔들어버립니다. 가장 든든한 보호자가 사라진 그녀의 운명은 이제 일본의 손아귀에 떨어졌지요.

아버지의 죽음을 뒤로 한 그녀는 1921년 '히노데 소학교(초등학교)'에 입학합니다. 히노데 소학교는 당시 '경성'이라 불리던 서울에 있는 일본인용 초등학교였습니다. 이곳은 일반적인 학교가 아니라 조선인 귀족이나 고관의 자식들도 다니던 곳입니다.

히노데 소학교는 광복 이후인 1946년 일신국민학교로 이름을 바꿔서 1973년까지 유지되었다가 폐교되었습니다. 현재 그 자리에는 극동빌딩이 있습니다. 남아있는 사진을 보면 벽돌로 된 2층 건물인데, 소학교 건물로서는 대단히 좋은 곳이었습니다. 그리고 이해부터 그녀는 '복녕당 아기씨' 대신 '덕혜옹주'라는 정식 이름을 받습니다.

히노데 소학교에서의 덕혜옹주는 동급생들 눈에 잘 띄는 존재였지요. 히노데 소학교 개교 100주년을 맞이해서 만든 기념 회지에는 덕혜옹주에 대한 기억들이 곳곳에 남아있습니다. 이곳에서 그녀가 어떻게 지내는지를 알아보는 것은 이어진 삶을 살펴보는 첫 걸음이 될 수 있을 겁니다.

동급생이었던 스기우라 기미코의 기억 속의 덕혜옹주는 키가 크고 하얀 얼굴의 소유자로 나옵니다. 매일 일본옷을 입고 등교했는데, 상궁이 동승한 마차를 타고 학교에 왔다고 합니다. 덕혜옹주와 함께 학교에 온 상궁들은 수업 시간에도 교실 뒤에서 지켜봤다고 하더군요. 다른 동급생인 다카하시 가에코의 기억도 이와 비슷합니다. 가에코의 아버지는 이왕직에서 일하던 관리로, 역시 보통 집안 출신은 아니었지요. 가에코의 기억 속에서도 덕혜옹주는 마차를 타고 상궁과 함께 등교하던 모습으로 나옵니다.

이렇듯 동급생들의 기억 속에서 덕혜옹주는 특별한 존재로 자리를 잡은 겁니다. 그도 그럴 것이 또래의 어린 공주라는 이미지는 어린 학생들에게 쉽게 지워지지 않는 기억일 테니까 말입니다.

히노데 소학교에서도 덕혜옹주를 위해서 다양한 특혜를 베

풀었습니다. 그녀가 쓰는 책상과 걸상은 따로 준비되었고, 화장실도 별도로 이용했습니다. 교장실은 함께 등교한 상궁들을 위한 휴게실로 사용할 수 있도록 했고, 특별히 뽑은 동급생들을 덕혜옹주 주위에 앉혔습니다.

덕혜옹주는 히노데 소학교에 다니는 동안 일본옷을 입고 일본어로 교육받았습니다. 철저하게 일본인으로 만들어진 것이지요. 그녀가 일본식의 짧은 시인 와카(和歌)를 지었다는 사실은 그런 교육의 산물로 보입니다. 히노데 소학교 창립 40주년 기념회지에는 덕혜옹주가 쓴 와카 두 개가 실려있습니다.

선생님에게 가르침을 받으며 파고들어간
글의 숲이 얼마나 흥미로운가.
師の君にみちびかれつつ分け入りし
文の林のおもしろきかな

친구들과 해가 뜨는 정원에서 놀고 있던
어린 시절이 그립구나.

友どちと日の出の庭にたはむれし

幼きころのなつかしきかな

그녀는 학교생활을 충실하게 이어갔습니다. 종종 신문에 그녀의 근황이 실리기도 했지요. 고종의 딸이라는 점은 조선 사람들에게는 여러모로 흥미를 끄는 점이었으니까요.

덕혜옹주의 히노데 소학교 시절은 앞으로 닥쳐올 비극을 예고라도 하듯 평온했습니다. 잘 알려지지 않았던 사실인데, 이 시기에 덕혜옹주는 일본어로 된 동시도 몇 편 썼습니다. 그녀가 지은 동시는 모두 훌륭하다는 찬사를 받았고, 유명 작곡가들이 동요로 만들기도 했답니다. 그녀의 동시들은 그렇게 널리 불려졌으며, 동요집에서 실렸습니다. 어른들이 작곡을 해준 경우도 있지만, 그녀가 직접 동요를 지어서 동급생들과 함께 음악회 때 부른 적도 있다고 합니다. 동급생들은 '비행기'라는 제목으로 기억하고 있지만, 정확한 제목은 '삐라'였습니다.

남쪽 하늘에서 날아온

커다란 날개 단 비행기가

삐라를 잔뜩 뿌리고 있다

금색 삐라 은색 삐라

나는 그 삐라가 갖고 싶은데

바람의 신이 데리고 간다.

어디로 가는지 보고 있자니

솔개가 있는 데에서 놀고 있다.

南の空から飛んできた

大きなおはねの飛行機が

たくさんビラをまいている

ビラは金ビラ銀ビラ

わたしはそれがほしいけれど

風の神様つれてゆく

どこへ行くかと見ていれば

とんびの所で遊んでいる

덕혜옹주가 지은 동요는 많은 인기를 끌었던 것 같습니다. 1927년 1월 26일, 다음 달 개국을 앞두고 특별시험방송을 하던 경성방송국에서는 덕혜옹주가 지은 〈춘명호〉라는 동요를 방송했습니다. 경성방송국은 개국 초기에는 일본어와 조선어로 방송했지만, 덕혜옹주의 동요는 일본어로 방송했을 것으로 보입니다. 조선어로 틀어준 것은 창과 민요에 불과했으니까요. 고종의 늦둥이 딸이 일본어로 지은 동요가 라디오에서 흘러나오는 당시의 광경은 식민지 조선의 모습을 상징하는 듯합니다.

일본어로 와카와 동시, 동요를 지을 정도로 완벽하게 일본어를 할 줄 알았던 덕혜옹주는, 조선총독부에 의해 일본과 조선의 융합의 상징으로 교묘히 포장됩니다. 망해버린 나라의 왕족을 탄압하지 않고 잘 보호해준다는 인상을 심어주어 조선 민중을 현혹시키려고 했던 것이지요. 더군다나 고종의 사망 후에 일어난 3.1 만세 운동의 여파도 고려해야 했으니, 조선총독으로서는 왕족들을 잘 보호할 수밖에 없었습니다.

그런 와중에도 조선의 왕족들은 착착 일본화되었습니다. 그리고 그것은 덕혜옹주의 운명에 어둠이 드리우는 것을 의미했지요. 그녀에게 히노데 소학교 시절은 그나마 마지막으로 평온했던 시기였던 겁니다.

일본으로

덕혜옹주는 1925년 히노데 소학교 5학년을 마치고 유학을 명목으로 일본으로 떠나게 됩니다. 한참 나이가 많은 배다른 오빠인 순종이 만류했지만 소용이 없었습니다. 3월 27일 덕혜옹주는 일행과 함께 일본으로 떠났습니다. 현해탄을 건너서 도쿄에 도착한 덕혜옹주를 맞이한 이는 나시모토노미야 마사코, 훗날 '이방자'라고 불린 영친왕 이은의 부인이었습니다.

영친왕 이은도 한일병탄이 되기 전인 1907년 이토 히로부미에 의해 일본에 볼모로 끌려와있었습니다. 영친왕 이은은 어머니가 다르고 한참 어리기도 한 동생을 아꼈습니다. 먼 타국에 볼모 신세로 끌려왔다는 점 때문이었지요.

덕혜옹주가 새로 입학한 곳은 왕족과 귀족의 자제들만 입학할 수 있는 학습원의 여자부였습니다. 영친왕 이은도 학습원에서 공부했지요. 1847년에 교토에 세워진 학습원은 메이지 유신 직후인 1884년 도쿄로 옮겨지면서 궁내성이 관할하게 됩니다. 유치원부터 고등학교까지 있었지요. 귀족 자제들은 원칙적으로 학습원에서 교육받아야 했습니다. 일본 왕족에 편입된 이왕가의 구성원들도 학습원에서 공부를 해야만 했습니다.

학습원에 들어간 덕혜옹주의 일상생활은 평온하기는 했습니다. 먼 나라로 유학을 오긴 했지만 생활비 걱정 같은 것을 할 필요가 없는데다, 오라버니인 영친왕 이은의 보살핌을 받을 수 있었으니까요. 하지만 동급생들의 증언에 따르면 덕혜옹주는 늘 말이 없어 조용했다고 합니다. 낯선 타국에 와서 외로웠을까요? 어린 시절부터 일본어로 말하고 쓰는 데 익숙했으니 적응하는 데는 아무런 문제가 없었을 겁니다. 하지만 이 시기부터 마음의 병이 서서히 깊어지기 시작했습니다. 물론 낯선 타국에 와서 외로워서였을 수도 있겠지만, 그것만으로는 설명할 수 없는 부분이 너무 많습니다.

히노데 소학교 시절에 찍은 덕혜옹주의 사진에서는 표정이 없어도 나름대로의 자신감과 의지가 엿보입니다. 하지만 일본으로 건너와서 학습원 여자부에서 찍은 사진에서는 "자, 웃으세요!"라는 사진사의 말에 입술을 억지로 끌어올린 흔적이 역력합니다. 나이가 들고 세상을 알게 되면서 덕혜옹주가 점점 마음의 상처를 입어서였을까요? 덕혜옹주가 왜 그토록 고통스러웠는지에 대해서 직접 얘기한 적은 없습니다. 하지만 그녀의 오라버니인 영친왕 이은의 얘기에서 추측해볼 수는 있습니다. 덕혜옹주가 겪었던 방황과 갈등은 이 시기를 살았던 이왕가의 후손들에게 거의 공통적으로 나타났으니까요. 영친왕 이은은 부인 이방자에게 이렇게 털어놓았다더군요.

"내가 나의 의사대로 행동할 수 있을 때가 대체 언제일지 모르겠소. 물론 왕족으로서 품위를 지키고 살아야 한다는 것은 잘 안다오. 허나, 조선인이라는 이유로 누구를 만나거나 뭘 할 때마다 조심, 또 조심해야 하오. 게다가 조선에 관한 일이 화제가 되면 어떻게 해야 할지 도통 알 수가 없어요. 그러니 내가 이중인격자가 아닌가 싶기도 하오. 앞으로 덕혜도 이런 운명을 겪어야 하겠지. 참으로 걱정이오."

영친왕 이은의 예측은 불행하게도 그대로 들어맞았습니다.

시작은 배다른 오라버니인 순종의 죽음이었습니다. 헤이그 밀사 사건으로 강제 퇴위한 고종의 뒤를 이어 왕위에 오른 순종은 남은 생애 내내 허수아비 임금으로 살았습니다. 하지만 덕혜옹주에게는 아버지인 고종의 죽음 이후 든든한 버팀목이었습니다. 그런 순종의 죽음은 덕혜옹주에게는 슬픔 이상의 슬픔이었습니다.

1926년 3월, 덕혜옹주는 영친왕 이은 부부와 함께 고국으로 돌아옵니다. 병을 앓던 순종은 병상에 누워 그들을 맞이했고요. 그 사이, 덕혜옹주는 오랜만에 생모인 복녕당 양씨와도 해후할 수 있었습니다. 짧은 만남을 끝내고 일본으로 돌아간 덕혜옹주는 얼마 후에 순종이 위독하다는 소식을 들었습니다. 마침 유럽 여행을 준비하던 영친왕 이은 부부와 함께 서둘러 조선으로 돌아온 덕혜옹주는 순종의 죽음을 겪게 됩니다. 아버지인 고종에 이어서 큰오빠마저 잃어버린 덕혜옹주는 큰 상처를 받았습니다. 당시 신문에는 그녀가 깊은 슬픔에 잠겨서 침식을 잊을 지경이었다고 나와있습니다. 덕혜옹주의 슬픔에는 자신의 미래에 대한 두려움도 포함되었을 겁니다.

순종의 죽음이 가져온 충격에서 겨우 빠져나올 무렵인 1929년, 생모 복녕당 양씨의 죽음마저 겪게 됩니다. 비록 오랫동안 함께 지낸 적은 없지만 생모의 사망은 아버지와 오빠의 죽음에 지친 덕혜옹주를 무너뜨렸습니다. 더군다나 어머니의 장례를 치르기 위해 조선으로 돌아온 덕혜옹주는 참혹하고 차가운 현실과 마주칩니다. 원래대로라면 덕혜옹주는 어머니의 죽음 이후 3년 동안 상복을 입어야 합니다. 하지만 복녕당 양씨는 왕족이 아니라는 이유로 덕혜옹주는 상복 착용마저 금지당합니다. 이는 그녀에게 자신을 둘러싼 차가운 현실을 그대로 일깨워주었지요. 꿈에도 그리던 생모의 죽음을 옆에서 지켜보지도 못했는데, 죽음마저 충분히 애도할 수 없었으니까요.

그리고 어머니의 죽음에도 불구하고 상복을 챙겨 입지 못하게 된 상황은 덕혜옹주가 자신의 출신 성분을 돌아보는 계기가 되었습니다. "네가 조선의 왕녀라고? 흥! 넌 그저 천한 여인의 딸일 뿐이야!"라고 손가락질 당하는 기분이 들었을 겁니다.

그 때문인지 어머니의 장례식을 마친 덕혜옹주는 그런 현실에서 도망치기라도 하듯 서둘러 조선을 떠납니다. 예민한 사춘기 때 겪은 오라버니와 생모의 죽음은 그녀에게 평생 상처로 남았고요. 그 상처는 차츰 마음의 병이 됩니다. 학습원 여자부에서의 생활도 순탄치 않았던 것 같고요. 히노데 소학교에서와는 달리 덕혜옹주에게 그다지 꿀릴 게 없던 신분이던 동급생들이 은근히 따돌렸던 것 같으니까요.

이런 일들만이 덕혜옹주의 정신을 무너뜨린 것은 아닙니다. 또 한 가지 이유로 언급되는 것은 바로 그녀의 혼인설입니다. 1926년 8월 30일 자 〈동아일보〉에는 덕혜옹주가 일본 왕족인 야마시나노미야 후지마로와 혼인을 한다는 소문이 돈다는 내용의 기사가 실렸습니다. 도쿄제국대학 문과 3학년에 재학 중인 야마시나노미야 후지마로는 이은처럼 왕의 작위를 받은 왕족이었지요. 따라서 덕혜옹주의 배우자로서는 격이 맞는 셈입니다. 식민지였던 조선의 신문에 실릴 정도였다면 혼담은 어느 정도 진행되었다고 보는 것이 맞을 것 같습니다.

덕혜옹주가 이 사실을 어떻게 받아들였는지는 알 수 없습니다. 하지만 어린 시절부터 일본인에게서 교육을 받았고, 이복 오빠마저 일본 여성과 결혼한 사실을 알고 있었으니 별다른 거부감은 드러내지 않았겠지요. 그런데 어찌된 일인지 이 혼담은 깨지고 맙니다. 후지마로가 스스로 왕의 지위를 내려놨기 때문입니다. 평범한 귀족의 자리로 내려온 그는 다른 여인과 결혼하게 됩니다. 아마도 그 여인과 결혼하기 위해 왕의 신분을 포기했던 듯합니다.

혼담이 오가던 상황에서 상대방의 이런 행동은 덕혜옹주에서 어떤 형태로든 상처를 주었을 겁니다. 자신과의 혼인을 피해 스스로 왕의 신분을 포기한 셈이니까요. 연구자들 중에는 이런 말을 하는 이도 있습니다.

"철저하게 일본인화된 덕혜옹주가 왕의 부인이 될 수 있었던 혼담이 깨지자, 주변에서는 이 문제에 대해 수군거리기 시작했다. 그러자 덕혜옹주는 충격에 빠지면서 정신질환을 앓기 시작한 것이다."

'결과가 하나니, 원인도 하나'라는 법은 없습니다. 낯선 타국에서 겪은 이런저런 일들이 덕혜옹주를 심리적으로 힘들게 했던 것은 확실합니다. 하지만 덕혜옹주를 가장 심하게 괴롭힌 것은 조선인으로 태어나서 일본인으로 살아가야 한다는 점이었을 겁니다. 영친왕 이은이 겪었던 것처럼 일본인으로 교육을 받았지만, '조선인'이라는 딱지가 붙은 상태에서 오는 고립감은 견디기 힘들었습니다. 더군다나 "옹주마마는 조선의 왕족이니까 독립운동을 하셔야지요!"라는 동급생 앞에서 덕혜옹주가 느꼈을 절망감의 무게는 상상하기조차 어렵습니다. 속마음을 터놓고 얘기할 사람도 없고, 그렇다고 마음대로 할 수도 없는 상황은 덕혜옹주를 점점 어둠으로 몰아넣습니다.

대개 이런 상황에 부딪치면 순응하든가 저항합니다. 그러나 덕혜옹주는 둘 중 어느 것도 할 수 없었습니다. 더군다나 아버지인 고종이 독살 당했다는 소문을 들은 터라, 그녀는 벌벌 떨며 보온병을 들고 다니면서 그 안에 든 물만 마시곤 했습니다. 이런 간극이 덕혜옹주의 마음을 안에서부터 완전히 무너뜨린 것이 분명합니다. 만약 그녀가 평범한 소녀였다면 유학을 포기하고 조선으로 돌아갔겠지요. 그랬다면 일본에서의 일은 지나간 날의 악몽으로만 남았을 겁니다. 하지만 덕혜옹주가 처한 현실이 그녀를 옥죄었지요. 탈출구는 없었고요. 덕혜옹주가 할 수 있는 저항이라고는 보온병에 든 물만 마시는 것뿐이었습니다.

이 시기부터 그녀의 정신 상태가 불안정해지기 시작합니다. 불면증에 시달리면서 하루 종일 침대에 누워있거나 등교를 거부하는 일이 빈번해진 겁니다. 침대에 누워있다가 갑자기 일어나서 밖으로 나가는 바람에 이방자가 찾아 나선 일도 있었다고 합니다. 아마 신경쇠약과 몽유병 증상을 앓았던 모양입니다. 옆에서 덕혜옹주를 지켜본 이방자는 학교에서 동급생들에게 직간접적인 괴롭힘을 당한 것이 원인이라고 주장했습니다. 하지만 동급생들의 괴롭힘은 그녀를 마지막으로 무너뜨린 것에 불과합니다. 조선의 공주로 태어났지만 일본인으로 살아가야만 하는 당시의 시대상이 덕혜옹주를 무너뜨린 진짜 범인이라고 할 수 있습니다.

일본어로 시를 짓고 동요를 만들 정도로 완벽하게 일본인이 되었지만, 출신은 조선인이라는 사실은 덕혜옹주의 정체성을 혼란에 빠트렸지요. 지금도 미국이나 다른 나라로 이주한 이민 가정에서 태어난 2세가 방황하는 경우가 많습니다. 자신이 어디에 속해야 하는지 알 수 없으니까요. 자신이 완벽한 미국인이라고 생각했지만, 정작 다른 미국인들로부터 이방인 취급을 받으면서 엄청난 고독감과 상실감을 느끼게 되거든요. 이런 정체성 혼란은 덕혜옹주를 특히 더 괴롭혔습니다. 그녀는 어린 시절부터 일본인으로 살아가도록 교육을 받았으니까요. 그런데 어느 순간 자신이 조선인이라는 사실을 자각하면서 균형이 깨진 겁니다. 그녀는 끊임없이 자신에게 물어보았을 겁니다.

'나는 조선인일까? 일본인일까?'

이완용 같은 매국노는 쉽게 답을 얻었습니다. 이회영 같은 독립운동가들도 고민하지 않았습니다. 하지만 어린 시절부터 일본인 스승에게서 일본어를 배우고, 10대 초반에 일본으로 건너간 뒤 주변에 조언을 해줄 만한 사람들이 없던 덕혜옹주는 대답하기 힘들었습니다. 오빠인 영친왕도, 올케언니이자 또 한 명의 정략결혼의 희생자인 이방자도 자신들을 돌보는 것조차 힘겨워하던 시절이었으니까요.

덕혜옹주가 일반인이었다면 주변 사람들과 자유롭게 얘기하면서 가치관을 정립할 수 있었을 겁니다. 하지만 불행하게도 그녀는 '조선의 왕녀'였고, 그래서 일본의 감시를 받았습니다. 당연히 그녀의 주변에는 허심탄회하게 얘기해줄 사람이 아무도 없었습니다. 아무것도 모르던 어린 시절에는 존재감조차 없던 것들이, 예민한 10대 후반이 된 덕혜옹주를 괴롭히기 시작한 것이지요. 덕혜옹주가 이렇게 정신적 고통을 겪던 시절, 그녀의 상황과는 무관하게 또 하나의 혼담이 오갑니다. 야마시나노미야 후지마로 왕과의 혼담이 깨진 상황이니 서둘러 다른 사람을 찾아야만 했으니까요.

배우자 후보로 조선 귀족들이 잠시 거론되기도 햇습니다. 하지만 최종적으로 쓰시마 섬의 번주이자 백작인 소 다케유키로 결정되었지요. 1908년에 태어난 소 다케유키는 혼담이 오가던 당시 도쿄제국대학 영문과 학생이었습니다. 원래 쓰시마 번주 집안의 사람은 아니었고, 쓰시마 번주인 소 시게모치가 아들이 없자 양자로 들어간 인물입니다. 소 타케유키 쪽 기록에는 '처음 혼담이 나왔을 때 여러모로 꺼려하고 근심했다'는 얘기가 나옵니다.

이 혼사는 이왕가에게도 받아들이기 힘들었습니다. 일단 양쪽의 위상 차이가 너무 컸습니다. 이왕가는 합병 이후에 일본 귀족으로 편입되었지만, 서열상으로는 일본 왕족 바로 다음이었습니다. 그래서 순종의 죽음 이후에 가문을 계승한 이은에게는 공작이라는 작위가 내려진 겁니다. 분명 몇 년 전, 처음 혼담이 오갔던 상대도 왕족이었고요. 반면, 소 다케유키의 집안은 대대로 쓰시마 섬을 통치했다는 것 외에는 눈에 띄는 귀족 집안은 아니었습니다. 작위도 백작에 그쳤고, 국가로부터 보조금을 지급받지도 못했습니다. 게다가 쓰시마 섬이 예전에는 조선에 조공을 바쳤음을 생각하면 이는 의도적인 혼인이 아닌가 의심마저 들었지요.

그러나 혼담을 주도한 이가 다이쇼 일왕의 부인인 데이메이 왕비였기에 대놓고 반발할 수는 없었지요. 순종의 사후 덕혜옹주의 보호자가 된 영친왕 이은은 덕혜옹주의 병을 이유로 혼담을 미뤘습니다. 병 때문에 학교도 제대로 못 다니는 형편에 섣불리 혼인을 시킬 수는 없다고 했지요. 하지만 이미 내려진 혼인 결정을 번복할 수는 없었습니다.

덕혜옹주의 혼인 문제는 식민지가 된 조선 사람들과 왕실 사람들에게 초미의 관심사였습니다. 하지만 덕혜옹주의 혼사가 진행되는 내내 조선에 있는 왕실은 제대로 된 정보를 전달받지 못했습니다. 언론도 마찬가지라서 잘못된 혼인 날짜를 기사에 싣기도 했습니다. 3.1 만세 운동 이후 조선에서도 언론 활동이 허용되었지만, 엄격한 검열과 통제가 시행되고 있었지요. 그래서 덕혜옹주의 혼인에 대해 조선 사람들이 어떤 마음을 품었는지 알 길은 없습니다. 하지만 앞서 영친왕 이은과 이방자의 혼인 때 보인 격렬한 반감이 줄어들었을 것 같지는 않습니다. 아마 혼인을 주도한 이왕직도 그 사실을 알았기에 서두른 것 같습니다. 덕혜옹주의 병환은 더 심해질 것 같고, 그렇게 되면 혼사를 영영 치를 수 없다는 두려움 때문이었던 것 같습니다.

서둘러 혼인해야만 하는 덕혜옹주 측과 가난한 집안을 일으켜 세울 기회를 얻은 소 다케유키 백작 측의 이해관계는 완벽하게 맞아떨어졌습니다. 가장 중요하게 고려되었어야 할 당사자들의 심정은 '가문을 위해서'라는 명문에 묻혀버리고 말았습니다. 1931년 5월 8일, 두 사람은 이런 소동을 뒤로 하고 도쿄에서 혼인합니다. 같은 해에 덕혜옹주는 학습원 여자부를 졸업했고, 소 다케유키도 도쿄제국대학을 졸업했습니다. 결혼식은 도쿄에 있는 소 다케유키의 자택에서 치러졌습니다. 덕혜옹주의 혼인을 옆에서 지켜본 이방자는 이번 결혼이 다소 성급하게 진행되었다면서 안타까운 심경을 토로했지요.

혼인은 아침 일찍 소 다케유키 백작 집안에서 보낸 사람이 덕혜옹주가 머물던 영친왕 이은의 저택에 찾아오면서 시작되었습니다. 오라버니인 영친왕 이은에게 작별 인사를 한 덕혜옹주는 차를 타고 근처에 있는 소 다케유키의 집으로 향했습니다. 이때 소 다케유키 백작은 23세, 덕혜옹주는 19세였습니다. 이날 이후 덕혜옹주는 소덕혜가 되었습니다.

소 다케유키와의 혼인

혼인식은 제복 차림의 소 다케유키와 웨딩드레스 차림의 덕혜옹주가 참석한 가운데 신관(神官)*의 축사와 의식으로 치러졌습니다. 그리고 저녁 때 피로연이 열렸지요. 귀족들 간의 혼인 치고는 굉장히 간소하게 치러졌는데, 아마도 조선 측의 반발과 덕혜옹주의 병 때문인 듯합니다.

영친왕 이은과 이방자의 혼인 때 조선에서는 격렬한 반발이 있었습니다. 덕혜옹주의 혼인 역시 내심 조선 왕실은 물론, 일반 민중의 반감을 샀습니다. 그래서 소 다케유키가 곱사등이에 애꾸눈이며 난폭하고 흉악한 자라는 소문마저 돌았습니다. 실제로 소 다케유키는 한쪽 눈이 사시이기는 했지만, 남아있는 사진들을 보면 못 생겼다고 단언할 정도는 아니었습니다. 조용하고 부드러운 편이었고요.

여러 정황을 미루어보면 소 다케유키 측도 덕혜옹주의 정신병에 대해 충분히 알고 있었던 듯합니다. 하지만 그런 점을 감안해도 혼인하는 쪽이 유리했습니다. 어쨌든 소 다케유키의 집안과 이왕가는 비교하기가 어려울 정도로 격차가 났으니까요.

실제로 양자였던 소 다케유키는 양아버지인 소 시게모치가

---

* 여기서 신관은 일본 토속 종교인 신토(神道)의 성직자를 말한다.

사망한 후에도 작위를 승계하지 못할 뻔 했습니다. 소 시게모치가 생전에 진 막대한 빚을 감당하지 못했기 때문입니다. 그래서 그 빚을 갚아주는 조건으로 다른 사람이 양자가 되어서 계승할 예정이었습니다. 그러다가 마지막에 독지가가 나서서 빚 문제를 해결해준 덕분에 예정대로 계승자가 될 수 있었지요.

반면, 이왕가의 직계였던 덕혜옹주는 일본 정부로부터 다양한 혜택을 받았습니다. 따라서 소 다케유키 백작 집안에서 덕혜옹주와의 혼사를 불편해하거나 꺼릴 이유는 없었습니다. 일례로 소 다케유키는 덕혜옹주와 혼인하면서 새로 지은 저택에서 거주하게 되었습니다. 빚 때문에 작위를 승계하지 못할 뻔 했을 정도로 경제적 곤란을 겪던 소 다케유키 백작에게는 상상도 못할 일이었지요.

이왕직에서 만들어준 저택은 1,000평이 넘는 대지에 서양식 2층 건물과 일본식 건물로 이루어졌습니다. 정원에는 나무와 꽃을 심었다고 합니다. 이 집안에서 일한 쓰시마 섬 출신 하녀는, 일하는 사람이 10여 명에 달했다고 말했고요. 소 다케유키 백작 집안의 재력으로는 감당은커녕, 상상할 수도 없는 일이었습니다. 덕분에 소 다케유키 백작은 별다른 경제 활동 없이 공부와 강의에 열중할 수 있었고, 덕혜옹주와의 마지막 몇 년간은 집안에서 책만 읽고 지낼 수 있었지요. 두 사람이 머물 저택을 짓고 사람들을 고용하는 비용은 모두 이왕직에서, 더 정확하게는 조선 사람들의 주머니에서 나왔습니다.

두 사람이 혼인을 치르기 두 달 전인 1931년 3월 25일 자 〈동아일보〉에는 흥미로운 기사가 실립니다. 세계 경제 대공황의 여파로 관청의 경비를 줄이라는 지시가 떨어졌고, 이왕직도 예외가 아니었던 때였지요. 하지만 이왕직에서는 의친왕 이강과 그의 아들 이건에게 매년 생활비를 지급해야 하고, 올해 덕혜옹주의 혼인 비용으로 약 15만 원이 들기에 더 이상 줄일 수가 없다고 하소연했다는 겁니다. 게다가 덕혜옹주의 남편인 소 다케유키 백작은 재산이 없기에 매년 1만 원 이상을 보조해야 한다는 내용도 있었고요. 그러니까 이왕직은 조선총독부의 비용 절감 지시에 〈동아일보〉 기자를 통해 우회적으로 불만을 토로한 것이지요.

제국의 그림자, 덕혜옹주

덕혜옹주가 호화롭게 혼인식을 치르거나 해외로 신혼여행을 다녀오지는 않았으니까 15만 원이라는 혼인 비용은 아마도 저택 건축 비용일 겁니다. 아울러 매년 들어가는 1만 원 역시 저택의 유지비와 일하는 사람들의 인건비 등이었겠지요. 그러니까 결혼 후 생활비는 전적으로 덕혜옹주가 책임진 것으로 보입니다. 이렇게 지위가 높은 여성이 낮은 신분의 남성과 혼인을 하면서 생활비까지 책임지는 경우는 극히 드뭅니다. 결국 이토록 불균형한 혼인 때문에 멀리 조선에 사는 사람들의 주머니는 더욱 더 얇아졌고요.

두 사람의 신분 차이는 호칭에서도 극명하게 드러납니다. 혼인 후에 소 다케유키 백작은 '백작님'으로 불렸고, 덕혜옹주는 '마님'으로 불렸습니다. 마님은 귀족 남성을 아랫사람이 부를 때 쓰는 명칭이었습니다. 하지만 덕혜옹주의 지위가 워낙 높다 보니 여성인 그녀가 마님으로 불린 것이지요.

덕혜옹주가 소 다케유키 백작과의 혼인을 어떤 마음으로 받아들였는지는 알 수 없습니다. 그녀는 평생 자신의 심경을 기록으로 남기거나 다른 사람에게 얘기하지 않았으니까요. 일단 두 사람의 결혼생활은 겉으로 보기에는 평온했습니다. 혼인 후에 두 사람은 이왕가의 집안 행사에 나란히 참여했고, 소 다케유키 백작의 본가인 쓰시마 섬을 방문하기도 했습니다. 언뜻 보기에는 덕혜옹주의 건강이 나아진 것처럼 보이기도 했습니다. 하지만 그녀의 마음속의 병은 점점 커져가고 있었습니다.

두 사람의 혼인에 대한 반감 덕분에 조선에서는 소 다케유키 백작이 매일 덕혜옹주를 구타하고 괴롭혔다고 알려졌답니다. 하지만 실제 소 다케유키 백작은 영어를 전공한 엘리트입니다. 더군다나 어린 시절에는 쓰시마 번주의 가문을 승계하기로 결정되면서 오랫동안 이를 준비해왔던 인물이기도 합니다. 하녀로 일했던 쓰시마 섬 여인의 증언이나 소 다케유키 백작의 자서전을 쓴 작가의 기록을 보면, 그가 덕혜옹주를 괴롭혔다는 소문들은 터무니없는 것 같습니다. 또한 같은 도쿄에 영친왕 이은 부부가 살았으니, 덕혜옹주가 어떤 고통을 겪었다면 즉시 조치에 나섰을 겁니다.

덕혜옹주는 혼인을 한 다음 해인 1932년 8월 14일에 딸인 정혜를 낳았습니다. 일본식으로는 '마사에'라고 불리는 이 딸은 덕혜옹주와 소 다케유키 백작 사이에서 태어난 유일한 혈육이 었습니다. 따라서 혼인 과정은 모르겠지만 이후의 삶에서 직접적인 고통을 겪은 적은 없었으리라 봅니다. 하지만 혼인을 했던 1931년의 쓰시마 섬 방문을 마지막으로 두 사람은 더 이상 공식적인 행사에 참석하지 않았습니다. 덕혜옹주의 정신병이 더 심해졌기 때문입니다.

이방자가 목격한 덕혜옹주의 초기 증세는 잠을 자거나 갑자기 밖으로 나가는 것이었지요. 이 시기에는 다른 사람의 말에 거의 반응하지 않고 혼자 넋을 놓고 있거나, 갑자기 소리를 높여서 웃는 경우가 많았다고 합니다. 정신병 증상이 점차 심해진 것이지요. 그러나 당시에는 적절한 치료법을 찾을 수 없었고, 귀족이라는 체면 때문에 공개적으로 치료할 수도 없었습니다. 남겨진 기록들을 보면 소 다케유키 백작은 정성껏 덕혜옹주를 보살폈던 것 같습니다. 하지만 외부 강의 등을 이유로 집 밖으로 자주 나가야 했지요. 당연히 하인들이 덕혜옹주를 보살폈습니다. 두 사람 사이는 나쁘지도 좋지도 않았다고 보입니다.

물론 소 다케유키 백작을 옹호하는 쪽은 그가 덕혜옹주를 진심으로 사랑해서 보살폈다고 얘기합니다. 하지만 소 다케유키가 그린 그림에는 딸인 정혜만 그려졌을 뿐입니다. 부인인 덕혜옹주를 그린 그림은 보이지 않습니다. 정중하고 예의바르게 대했다는 점은 인정하지만, 그 이상이 있었을지는 잘 모르겠습니다. 물론 당사자들 모두가 그때의 일에 대해 아무런 기록이나 증언을 남겨놓지 않았기에 더 이상의 섣부른 추측은 불가능합니다.

다만 한 가지 짚고 넘어가야 할 점은 소 다케유키 측에서 덕혜옹주의 정신 상태가 불안정하다는 점을 모르고 결혼했다는 주장입니다. 언뜻 덕혜옹주 측에서 소 다케유키 백작에게 죄를 저질렀다는 뉘앙스로 비춰집니다. 또한 이후 소 다케유키 백작의 행보에 대한 면죄부를 제공하는 듯하고요. 하지만 다양한 정황들을 종합해보면 소 다케유키 백작이 덕혜옹주의 정신 상태를 전혀 몰랐을 리 없습니다. 우선 정상적이었다면 신분 격차가 그토록 심한 집안끼리 혼인을 맺을 리는 없으니까요. 덕혜옹주는 잠깐이긴 했지만 일본 왕족과의 혼인 이야기가 나올 정도로 지체 높은 집안 출신임을 떠올려보세요.

신분제가 사라진 지금으로서는 상상할 수 없지만, 귀족도 공작, 후작, 백작, 자작, 남작 등 등급으로 나뉘던 당시로서는 이렇게 한쪽으로 기울어진 혼사에는 명백한 이유가 있을 수밖에 없습니다. 단적으로 이왕가에 속한 영친왕 이은과 의친왕 이강의 아들 이건은 모두 격에 맞는 왕족의 일가친척과 혼인했습니다. 영친왕 이은의 부인 이방자는 왕족 가문이었고, 이건의 부인도 이방자의 외가 쪽 친척인 요시코였지요. 요시코가 귀족 신분이 아니었기 때문에 일부러 백작 집안의 양녀로 입적시킨 다음에 혼인을 치러야만 했지만요. 이렇게 신분에 따른 철저한 규범이 정해진 상태에서 별다른 이유 없이 이왕가의 여식이 일개 백작, 더군다나 쓰시마 번주 집안과 혼인하겠다고 한 겁니다. 당시 일반인들도 덕혜옹주에게 무슨 문제가 있음을 어렵지 않게 알아차렸을 겁니다.

물론 덕혜옹주의 정신질환에 대해서는 언론에 공개된 적이 없습니다. 하지만 그녀와 같이 학습원 여자부에 다녔던 학생들과 교직원들은 알고 있었을 겁니다. 소 다케유키도 1925년 학습원 고등부에 입학했지요. 그러니 직간접적으로 덕혜옹주에 관한 소문을 들었을 가능성도 배제하지 못합니다.

두 사람의 결혼생활을 소 다케유키 측의 일방적인 희생이라고 볼 수도 없습니다. 앞서 얘기한 대로 소 다케유키가 머물렀던 저택의 건축 비용과 관리비, 하인들을 고용한 비용은 모두 이왕가에서 지불했으니까요. 덕분에 소 다케유키는 귀족의 품위를 유지하려고 고심하거나 생계 유지에 대한 고민을 할 필요가 없었지요. 오히려 아내의 돈 덕에 마음껏 공부하고 강의할 수 있었습니다. 다만 두 사람의 결혼생활은 신분이 삶을 지배하던 시대이기에 벌어진 불행한 일이었다고 말할 수 있습니다. 바스라질 것 같은 집안이었지만 덕혜옹주의 높은 신분, 그리고 그 신분이 떠받들어지는 사회적 분위기가 그럭저럭 집안을 유지시킨 것이지요. 어쨌든 이 시기의 일본은 귀족들에게는 살만한 곳이었으니까 말이지요.

이런 두 사람 사이를 견고하게 연결시켜준 이가 어린 딸 정혜였습니다. 정혜는 어머니를 닮아선지 허약했다고 합니다. 정혜는 나이가 들자 어머니인 덕혜옹주를 대신해서 공식 행사에 참석했습니다. 정혜는 부모님이 다녔던 학습원에 입학했습니다. 그렇게 세 사람의 시간은 흘러갔습니다. 덕혜옹주의 병세는 나날이 심해졌습니다. 하지만 남들의 눈을 늘 의식해야 하는 귀족 신분인 덕혜옹주가 받을 수 있었던 유일한 치료는, 며칠에 한 번씩 노인이 찾아와서 해주는 지압이 전부였습니다.

1937년에는 중일전쟁이, 1941년에는 태평양전쟁이 벌어졌지만 덕혜옹주의 집안에는 별다른 영향을 미치지 못했습니다. 영친왕 이은, 그리고 의친왕 이강의 장남인 이건과 차남인 이우도 일본군 장교 신분으로 전쟁터에 나가야 했던 시절입니다. 그런데도 소 다케유키는 학자였고, 나이가 30세를 넘겼기에 군대에 가지 않아도 되었습니다. 다만 1944년에 소 다케유키도 내각정보국에서 일하게 됩니다. 첩보원 노릇을 한 것은 아니고, 영어 전공자였기에 영어를 일본어로 번역하는 작업을 했습니다. 그해 여름, 미군의 공습이 심해지자 정혜는 학습원 학생들과 함께 시골로 피난을 떠났습니다. 미군의 공습이 계속되었지만 다행히 덕혜옹주의 집은 불타거나 부서지지 않았습니다.

전쟁이 막바지에 이르던 1945년 7월에는 소 다케유키도 군대에 소집을 당했습니다. 미군의 본토 상륙에 대비해서 남성들이 전부 다 징집당하던 시절이었지요. 그러나 다음 달에 원자폭탄이 히로시마와 나가사키에 떨어지면서 소 다케유키의 짧은 군생활도 끝났습니다. 일본 제국도 덩달아 막을 내렸고요. 그것은 두 사람에게 새로운 폭풍을 의미했습니다.

1945년 8월 15일 이후의 일본은 그 이전의 일본과는 완전히 다른 나라가 됩니다. 항복한 일본은 연합국 최고사령부 (General Headquarters, GHQ)의 통치하에 놓입니다. 사령관으로 부임한 더글러스 맥아더 장군은 일본의 전통적인 귀족 제도를 폐지합니다. 이로써 일왕 등 소수를 제외한 모든 귀족가문들이 특권을 박탈당했고, 일반인과 같은 삶을 살게 되었습니다. 맥아더 장군은 한술 더 떠서 이들에게 막대한 세금을 물려서 영향력을 완전히 제거하려고 시도했습니다.

특권이 사라지고 세금을 내게 된 귀족들은 저택을 처분하고 귀중품을 팔아야만 했습니다. 소 다케유키도 이왕직에서 마련해준 저택을 처분하고 작은 집으로 이사를 가야만 했습니다.

10여 명에 달했던 하인들도 모두 내보내야만 했습니다. 자연스럽게 덕혜옹주의 간호 문제가 떠올랐습니다.

새로 이사한 집의 환경은 조용한 곳에서 말없이 지내던 덕혜옹주에게는 낯설었습니다. 덕혜옹주의 병세도 지난 몇 년간 심해지지는 않았지만, 그렇다고 나아지지도 않았습니다. 결국 소다케유키는 덕혜옹주를 마츠자와 정신병원에 입원시킵니다. 집안에서 일하던 사람을 모두 내보낸지라 돌봐줄 사람이 없었으니까요.

덕혜옹주가 정신병원에 입원한 시기는 대략 1946년 가을쯤으로 추정됩니다. 기록마다 약간씩 차이가 있어서 '1949년까지 집에서 지냈다'고 추측하기도 합니다. 어찌되었든 이때부터 덕혜옹주는 난생 처음 가족들과 떨어진 채 지내게 되었지요. 영친왕 이은 부부도 큰 혼란 속에서 변화를 감당하느라 덕혜옹주를 신경쓸 수 없었고요. 귀국도 방법 중 하나였겠지만 해방 정국의 혼란은 이 '조선의 왕녀'가 쉽사리 귀국할 엄두를 내지 못하게 만들었습니다. 더군다나 영친왕 이은의 부인 이방자가 일본인이라는 점도 귀국 결정을 내리지 못하게 하는 족쇄 역할을 했고요.

결국 덕혜옹주는 정신병원에 격리된 채 가족들과 세상으로 부터 잊혀져가는 존재가 된 겁니다. 1950년 1월, 한 남성이 일본에 머물고 있는 영친왕 이은을 만나러 오기 전까지는 말입니다.

세상 밖으로

언론인이었던 김을한은 덕혜옹주와 묘한 인연이 있었습니다. 와세다대학 출신인 그는 조선으로 돌아와서 〈조선일보〉 기자로 오랫동안 재직하면서 명성을 떨쳤습니다. 그러다가 1950년 1월, 일본을 방문합니다. 그가 남긴 기록에 의하면 도착하자마자 덕혜옹주의 남편 소 다케유키의 집에 전화를 걸었다고 합니다.

"여보세요. 덕혜옹주님 댁입니까?"

"맞습니다만 누구십니까?"

"저는 한국에서 온 김을한 기자라고 합니다. 덕혜옹주님은 어떻게 지내십니까?"

"입원 중이신데요."

"이, 입원이라고요? 어디에 입원하셨습니까? 찾아가고 싶습니다만….."

"그럴 필요는 없지 않겠습니까? 이만 끊겠습니다."

소 다케유키와의 냉담한 통화 이후 영친왕 이은을 찾아가서 덕혜옹주의 근황에 대해 알게 되었습니다. 그리고 곧장 마츠자와 정신병원에서 그녀를 만나게 됩니다. 김을한이 그렇게 덕혜옹주를 찾아간 이유는 두 사람 사이의 인연 때문이었습니다.

덕혜옹주가 어렸을 때 고종이 배우자로 삼으려고 했던 김창한이 바로 그의 동생이었습니다. 그리고 덕수궁 안에 있는 유치원에서 덕혜옹주와 함께 지냈던 민덕임이 바로 김을한의 아내였고요. 아버지와 동생, 그리고 아내에게서 덕혜옹주에 관한 얘기를 들었던 김을한은 일본을 방문한 김에 제수씨가 될 뻔했던 그녀의 근황을 알아보고자 했던 겁니다.

김을한은 덕혜옹주를 만났을 때의 광경을 《인간 영친왕》이라는 책에 다음과 같이 남겨놓습니다.

병실은 감옥 같았고, 음산한 공기가 떠돌았다. 중환자들이 있는 병실은 마치 감방처럼 쇠창살로 막아놨다. 간호원의 안내에 따라 안으로 들어가서 병실 안에 이르렀다. 간호원이 멈춘 병실 안에는 40대의 중년 부인이 앉아있었다. 창백한 얼굴에 커다란 눈을 가진 그녀가 바로 덕혜옹주였다. 아무도 없는 독방에서 여러 해 동안 지낸 덕혜옹주의 모습이 어찌나 가엽고 불쌍한지 나도 모르게 눈물이 나오고 말았다. 만약 고종황제가 이 광경을 보았다면 얼마나 슬퍼했을까?

덕혜옹주의 모습을 보고 충격에 빠진 이는 김을한만이 아니었습니다. 비록 조선과 대한제국은 없어졌고 대한민국으로 바뀌었지만, 감성까지 변한 건 아니었으니까요. 김을한은 덕혜옹주가 어린 시절 본인의 의사와는 상관없이 강제로 일본으로 끌려갔고, 원하지 않는 결혼을 하면서 정신질환을 앓다가 결국 강제로 정신병원에 감금되었다고 생각한 겁니다. 몇 가지 틀린

점이 있다는 것이 훗날 밝혀지긴 했지만 전체적인 맥락에는 잘
못된 점이 없지요.

물론《대한제국 마지막 황녀 덕혜옹주》의 저자인 혼마 야스
코는 정신병원 입원의 불가피함을 역설합니다. 아울러 김을한
의 증언에 틀린 점이 있고, 그것이 소 다케유키에 대한 나쁜 이
미지를 심어주는 데 큰 역할을 했다고 말합니다. 하지만 덕혜
옹주의 비극은 단순히 개인의 비극이 아니라 한민족이 겪었던
불행한 시기의 결정판이었습니다. 아무도 기억하지 않던, '어떠
한 권력도 없는 왕실의 일원인 덕혜옹주가 겪은 비극'에 사람들
이 공감한 이유도 우리 자신들이 겪은 고통과 비슷했기 때문이
니까요.

덕혜옹주를 본 김을한은 하루빨리 그녀를 고국으로 돌려보
내겠다고 결심합니다. 혼마 야스코는 엄연히 남편인 소 다케
유키가 있었는데 어떻게 독단적으로 귀국 결정을 내릴 수 있었
느냐고 반발합니다. 하지만 덕혜옹주가 정신병원에 입원한 순
간부터 두 사람의 부부관계는 사실상 끝났다고 보는 게 맞습니
다. 그러나 김을한이 추진한 덕혜옹주의 귀국은 불과 5개월 뒤

에 터진 한국전쟁에 발목이 잡혔습니다.

한반도가 불타는 동안 일본의 정신병원에 있는 덕혜옹주의 시간은 흘러갑니다. 이 시기 덕혜옹주가 얼마만큼 의식이 있었는지는 알 수 없습니다. 하지만 만약 있었더라도 견디지 못할 크나큰 슬픔과 맞닥뜨리면서 그 의식마저 다 잃어버렸을 겁니다. 그 슬픔은 바로 딸 정혜의 실종입니다.

어릴 때부터 허약했던 정혜는 나이가 들면서 조용하고 차분한 여인이 됩니다. 어머니의 병환과 학구적인 아버지 아래에서 자란 탓이겠지요. 부모님의 신분을 이어받았기 때문에 귀족들의 자제들만 들어갈 수 있는 학습원에 입학합니다. 하지만 태평양전쟁이 끝나고 학습원이 폐지되면서 일반 학교를 다녀야만 했습니다. 와세다대학에 들어간 정혜는 그곳에서 만난 스즈키 노보루와 혼인하게 됩니다. 혼인을 한 시기는 대략 1955년 가을쯤으로 추정됩니다.

소 다케유키는 이 결혼을 탐탁지 않게 여겼지만, 딸의 뜻을 꺾지는 않았습니다. 두 사람의 혼인은 조용히 치러졌습니다. 그리고 이 시기쯤 소 다케유키와 덕혜옹주는 마침내 이혼하게 되었습니다. 그녀가 정신병원에 들어간 순간부터 사실상 별거로 봐야 했기에 이혼은 형식상의 절차에 불과했지요. 정혜의 혼인이 먼저인지, 덕혜옹주의 이혼이 먼저인지는 알 수 없습니다. 하지만 그 차이는 몇 달에 불과했던 것 같습니다. 덕혜옹주의 이혼은 정혜의 혼인만큼이나 조용히 치러졌습니다. 두 사람의 관계에 대해 세상이 관심을 가질만한 시대가 아니었고, 소다케유키도 밖으로 알려지는 것을 꺼려했으니까요.

슬프기는 하지만 두 사람의 이혼은 덕혜옹주가 귀국하는 데 있어서의 마지막 걸림돌이 사라졌음을 의미합니다. 두 사람이 이혼한 다음 해인 1956년 8월, 정혜는 돌연 자실하고 싶다는 내용의 유서를 남긴 채 사라졌고요. 그녀의 실종은 일본 신문에 작게 실렸던 바, 말미에 가출 원인으로 신경쇠약이 꼽혔습니다. 불과 몇 달 전에 아버지의 시집 출판 기념회에 참석했었기에 갑작스런 가출로 판단되었지요. 경찰은 정혜가 사라진 산을 샅샅이 뒤졌지만 결국 찾아내지 못합니다. 시신조차 발견되지 않았기에 정혜는 '실종'으로 처리됩니다.

정혜는 왜 갑자기 가정을 박차고 세상 밖으로 나갔을까요?

어머니에게 유전된 정신병 때문일 수도 있고, 갑자기 바뀐 환경에 적응하지 못했을 수도 있습니다. 영친왕 이은을 비롯한 이왕가의 사람들도 태평양전쟁 후 바뀐 세상을 이겨내지 못했으니까요. 그나마 어른들은 어떤 방법으로든 헤쳐 나가려고 고민할 수 있었지요. 어리고 나약했던 정혜에게는 그런 시도조차 힘겨웠을 겁니다.

어쩌면 부모의 이혼과 소 다케유키의 재혼이 결정타였을지도 모릅니다. 정신병원에 있는 병약한 어머니와 헤어진 아버지가 곧바로 재혼했다는 사실이 그녀에게 어떤 충격으로 다가왔을지 짐작하기가 쉽지는 않습니다. 게다가 '핏줄의 절반이 조선인'이라는 사실은 한민족이 해방된 뒤 일본에서 살아가는 데 험난한 장애물이 되었고요.

정혜와 비슷한 처지에 놓였던 여인이 바로 '마지막 황제'라고 알려진 청나라 선통제 부의의 이복동생 부걸의 장녀 에이세이였습니다. 일본은 만주를 지배하기 위해 괴뢰국인 만주국을 세우고 선통제 부의를 허수아비 황제의 자리에 앉혔습니다. 그리고 부의가 아들을 낳지 못하자 그의 이복동생 부걸을 일본 여인과 혼인시켰지요. 그 두 사람 사이에서 태어날 아들을 만주국의 다음 황제 자리에 앉힐 계획도 세웁니다.

일본의 이런 계획에 의해 일본 육군사관학교를 다니던 부걸은 일본 귀족의 딸 사가 히로와 맺어졌지요. 사가 히로는 일본 왕족의 피를 이어받은 지체 높은 집안의 딸로, 덕혜옹주처럼 학습원에 다녔습니다. 두 사람의 정략결혼 과정은 덕혜옹주와 소 다케유키의 결혼 과정과 꽤 유사합니다.

결과도 엇비슷했습니다. 히로시마와 나가사키에 원자폭탄이 투하되고 일본이 항복하면서 괴뢰국인 만주국 역시 자연스럽게 소멸합니다. 일본과의 불가침조약을 폐기한 소련이 1945년 8월에 전격적으로 만주를 침공했으니까요. 관동군*이 속수무책으로 무너지자 만주국 황제 부의와 동생 부걸도 일본으로의 탈출 도중 소련군에 체포당했지요. 부의와 부걸은 얼마 후 중국에 넘겨졌고, 수용소에 갇혔습니다.

한편, 남편과 함께 피난길에 올랐었던 사가 히로는 천신만고 끝에 일본으로 돌아갔습니다. 그리고 그곳에서 두 딸과 함

---

* 만주에 주둔하던 일본군이다. 첫 주둔지가 러일전쟁 때 빼앗은 중국 랴오둥 반도(일본식 이름은 '관동주')였기에 이런 이름을 가졌다.

께 근근이 살아가게 되었고요. 부걸과 사가 히로는 16년 후에나 다시 만날 수 있었습니다. 부걸의 둘째 딸인 코세이가 당시 중국의 총리였던 주얼라이에게 편지를 보내면서였지요. 두 사람은 그 후 베이징에서 조용히 살다가 세상을 떠났습니다.

하지만 그 이전에 두 사람 사이에서 태어난 장녀 에이세이는 스스로 목숨을 끊었습니다. 어떤 남성과의 결혼을 앞두고 있었지만, 그녀의 출신 성분을 문제 삼은 상대방 부모님의 반대에 부딪친 겁니다. 절망한 에이세이는 스스로 목숨을 끊고 말았습니다. 스스로 선택할 수 없었던 어떤 것으로 인해 자신의 삶이 가로막혔을 때 사람들이 선택할 수 있는 것은 많지 않습니다. 정혜 역시 에이세이처럼 자신의 삶에 숨이 막혔을까요?

덕혜옹주가 이혼에 대해 어떻게 생각했는지는 알려진 바가 없습니다. 확실한 것은 딸 정혜의 죽음보다는 슬프지 않았으리라는 겁니다. 아이러니하게도 소 다케유키와의 이혼은 덕혜옹주의 귀국을 방해하던 마지막 걸림돌이 사라졌음을 의미합니다.

눈길이 가는 것은 소 다케유키가 덕혜옹주와의 이혼 직후 재혼했다는 점입니다. 이 부분에 대해서는 정확하게 알려진 바가 없고, 혼마 야스코 역시 얼버무렸습니다. 하지만 정황상 이혼 후 누군가를 만났던 것이 아니라, 이혼 전부터 알고 지낸 여인과 재혼했으리라는 추측이 가능합니다. 그 시기는 덕혜옹주가 정신병원에 입원했던 때였겠지요. 물론 덕혜옹주와 소 다케유키의 혼인이 다분히 정략적이었고, 서로의 필요성에 의한 것이었으니 어느 한쪽의 일방적인 희생이라고 볼 수는 없습니다. 하지만 어떤 변명을 하더라도 덕혜옹주의 지위와 재산 덕분에 귀족다운 생활을 영위하다가 패전 후 그런 혜택들이 사라지자 이혼했다는 것은 명백한 사실입니다.

소 다케유키는 재혼 후 곧장 도쿄를 떠나 지방에 거주합니다. 덕혜옹주와 이혼한 소 다케유키는 혼인 때 받은 혼수품을 돌려보냄으로써 이왕가와의 인연을 정리합니다. 재혼한 후의 소 다케유키는 그야말로 조용한 삶을 보냅니다. 새로 옮긴 레이타쿠대학의 영문과 교수로 재직했고, 재혼한 부인과의 사이에서 아들 둘과 딸 하나를 얻습니다. 그리고 시인으로서 살아가다가 1985년에 세상을 떠났습니다.

소 다케유키가 쓴 시들을 엮은 시집은 그의 사후에 공개됩니다. 그는 죽을 때까지 덕혜옹주와 정혜에 관한 얘기를 하지 않았습니다. 다만 '힘들고 힘들었던 삶이었다'는 회고를 한 적은 있습니다. 그 말은 소 다케유키가 스스로의 삶을 평하기에 가장 적절한 표현일지도 모릅니다.

사실, 소 다케유키는 격에 맞지 않은 높은 신분의 부인을 얻어서 경제적 풍요로움을 얻었고, 마음 놓고 원하는 공부를 할 수 있었습니다. 하지만 그런 게 그를 행복하게 해주지는 못했던 것이지요. 정신이 온전하지 않았던 부인과 그런 어머니를 닮아서 약하기 그지없던 딸을 지켜보던 것은 그에게도 힘들었을 겁니다. 이후의 삶을 살면서 그가 덕혜옹주와 정혜에 관해서 아무런 얘기를 하지 않았던 이유는 슬퍼서였을 수도 있지만, 그보다 그러한 삶이 지긋지긋해서였을 수도 있습니다. 지위를 유지하기 위해 희생해야만 했던 자신의 삶이 고통스러웠기 때문에 일부러 입을 다물었을 수도 있습니다. 덕혜옹주의 비극이 알려지면서 소 다케유키에 대한 안 좋은 이야기들이 퍼져나갔고, 일부는 정설처럼 여겨지기도 했으니까요. 어쩌면 소 다케유키도 덕혜옹주와 정혜 같은 피해자일 수도 있습니다.

결국 역사의 거대한 수레바퀴는 개인이 감당하기에는 너무나 크고 무거웠던 것이지요.

귀환

한편 덕혜옹주의 귀환은 지지부진했습니다. 김을한이 중간에서 백방으로 뛰어다니면서 귀환을 위해 노력했지만 일은 쉽사리 성사되지 않았습니다. 가장 큰 걸림돌은 이승만 대통령이었습니다. 1948년, 선거를 통해 대한민국의 초대 대통령이 된 이승만은 영친왕 이은을 비롯한 왕족들의 귀환을 반기지 않았습니다. 다른 무엇보다도 영친왕 이은이나 의친왕 이강이 귀국 후 정치 세력을 형성하는 것을 우려했으니까요. 대한민국이 건국되었다지만, 당시 대다수의 국민들은 일제강점기에 왕족들의 존재를 지켜봤던 사람들이었습니다.

영친왕 이은도 이 점을 잘 알고 있었기에 언론과의 인터뷰에서 대한민국 정부에 충성을 맹세하고, 아무런 정치적 욕심이 없다는 점을 거듭 강조합니다. 하지만 영친왕 이은의 움직임은 주목의 대상이 되었고, 덕분에 이승만의 견제도 심해졌습니다. 결국 영친왕 이은은 아들 이구가 있는 미국을 방문하는 데 필요한 비자도 발급받지 못해 일본 비자를 받아서 출국하기까지 했습니다.

그런 상황은 1960년 4.19 혁명으로 바뀝니다. 3.15 부정선거를 통해 재집권을 꿈꾸던 이승만의 횡포에 시민들이 들고 일어난 것이었지요. 마산에서 시작된 시위는 전국으로 퍼져나갔고, 깡패들과 경찰들을 앞세워 막으려고 했던 시도도 실패했습니다. 결국 4월 26일, 이승만은 하야를 선언합니다. 사저인 이화장으로 물러났던 이승만은 5월 29일 하와이로 떠납니다. 미국으로 망명한 것이지요. 이왕가의 후손들을 얼씬도 못하게 했던 대한민국 땅에서 자신이 쫓겨난 겁니다. 이승만이 물러나고 서울특별시장을 역임했던 허정을 중심으로 과도정부가 수립됩니다. 과도정부는 얼마 뒤 새 대통령 윤보선과 총리 장면을 주축으로 하는 정부로 대체됩니다. 그러면서 이왕가 후손들의 귀국 문제가 본격적으로 논의되기 시작합니다.

하지만 오랜 세월 동안 일본인으로 살아온 그들에게 대한민국은 낯선 땅이었습니다. 더군다나 귀국 문제 해결의 주축이 되어야 할 영친왕 이은의 부인 이방자는 일본인이라 귀국에 더욱 소극적이었습니다. 느릿하게 진행되던 귀국 문제는 1961년 5월 16일 박정희 소장이 일으킨 쿠데타 때문에 백지화되고 말았습니다. 영친왕 이은은 쿠데타 소식을 듣고 쓰러졌고, 다시는 정신을 차리지 못했습니다.

불행 중 다행인 것은 쿠데타로 정권을 장악한 국가 재건 최고회의 의장 박정희가 이왕가의 귀환에 대해 호의적이었다는 점입니다. 사실 이 시기에는 이왕가의 후손들이 정치적인 영향력을 발휘할 수 없었지요. 특히 영친왕 이은이 몸을 움직이기 어려웠으니까요. 그해 연말, 미국을 방문하기 위해 잠시 도쿄에 들린 박정희는 이방자와 만납니다. 이 자리에서 박정희는 귀국에 대해 전폭적으로 협조하겠다고 약속합니다. 그 자리에 참석한 김을한은 조심스럽게 끼어들었습니다.

"저, 고종황제의 따님이신 덕혜옹주님도 함께 귀국했으면 좋겠습니다."

김을한에게서 덕혜옹주가 처한 상황을 간단하게 들은 박정희는 안타까움을 드러내면서 서둘러 귀국시킬 수 있도록 조치를 취하겠다고 약속했습니다. 그리고 두 달 후인 1962년 1월 26일 덕혜옹주는 꿈에도 그리던 고국으로 돌아옵니다. 학습원 시절 동급생들의 환송을 받으며 도쿄를 떠난 덕혜옹주는 김포공항을 통해 대한민국이 된 '조선'으로 돌아옵니다.

많은 사람들이 지켜보는 가운데 비행기에서 덕혜옹주가 내려옵니다. 꽃다운 나이에 떠난 조국에 50세 중년의 나이로 돌아온 겁니다. 그녀의 귀국 전부터 신문들은 일제의 정략결혼에 희생당한 가련한 여인이 38년 만에 고국으로 돌아온다는 등 눈물샘을 자극하는 기사들을 쏟아냈습니다. 1962년 1월 26일 자 〈경향신문〉 기사는 귀국하는 덕혜옹주의 모습을 상세하게 담았습니다.

고종황제의 고명딸 德惠翁主(덕혜옹주)(51)는 26일 하오 영시 35분 NWA기편으로 38년 만에 그리운 모국으로 돌아왔다. 13세의 어린 나이에 일제에 끌려 현해탄을 건너갔다가 일제의 정략결혼의 희생이 되어 이제는 나라와 가족들에 대한 모든 기억마저 잊어버리고 51세의 폐인이 되어 돌아온 德惠(덕혜)옹주는 朴贊珠(박찬주)(49, 李[이]우 공의 미망인) 여사와 그 아들 李(이)종(20) 군, 그리고 7촌 조카 李海善(이해선) 씨 등에게 받들려 파리한 모습으로 비행기 '타랍'을 내렸다.

자색 '오바'에 밤색 둥근 모자를 쓰고 양장한 옹주는 시종 말 한마디 없이 어리둥절한 표정으로 주위 사람들에게 이끌려 朴(박) 여사와 함께 서울과 제282호 '세단' 차에 몸을 싣고 곧 을케별 되는 尹(윤)비가 있는 樂善齋(낙선재)로 향했다.

이날 공항에는 조카벌 되는 李壽吉(이수길)(前[전]구황실재산관리총국장) 씨를 비롯해서 尹(윤)비가 보낸 朴(박) 상궁, 옹주의 유모 卞(변) 씨, 그리고 浚明堂(준명당) 유치원과 日出(일출) 소학교의 유일한 동창생인 閔龍兒(민용아)(51, 閔[민] 충정공 조카) 여사 등 많은 분들이 출영했는데 덕혜옹주는 유모 卜(변) 씨마저도 알아보지 못하고 그냥 지나치고 말았다.

옹주는 26일 하오 2시 '낙선재'에서 尹(윤)비를 뵙고 곧 서울대학 제5병동 19호실에 입원할 예정이다.

낙선재에 잠깐 들렀다가 곧바로 서울대학병원에 입원한 덕혜옹주는 지친 심신을 쉴 수 있게 되었습니다. 그리고 며칠 후인 1월 31일, 박정희의 부인 육영수가 면회를 왔습니다. 귀국을 환영한다는 육영수의 인사에 덕혜옹주는 별다른 반응을 보이지 않았다고 합니다. 오랫동안 고통 받았던 삶이 그녀의 정신마저 앗아가버린 뒤였으니까요.

한편, 정부는 약속한대로 덕혜옹주의 정착에 도움을 주었습니다. 그녀가 귀국한 지 두 달 후인 1962년 3월 28일, 최고회의 상임위원회가 구황실 재산법을 개정해서 덕혜옹주의 생활비를 지원하기로 한 것이지요. 이승만 대통령 때와는 사뭇 다른 이런 대접을 두고 정치적인 배경이 작용한 것이 아니냐는 얘기가 나왔습니다. 선거를 앞둔 박정희가 왕실에 대한 국민들의 향수를 이용하기 위해서라는 뜻이었지요. 이유야 어찌되었건, 덕혜옹주는 고국으로 돌아와서 마지막 시간을 보낼 수 있게 되었습니다.

이후 덕혜옹주의 근황은 속속들이 신문 지면을 장식했습니다. 일본책을 주면 내동댕이치고 공보부에서 발행한 〈자유의 소리〉 같은 간행물을 열심히 읽는다는 등 다소 의도가 엿보이는 기사부터, 일본에 있는 이복오빠인 영친왕 이은과 낙선재에 있는 윤비에게 편지를 보냈다는 기사들이 나왔습니다. 빈대떡과 사과를 좋아한다는 사소한 근황도 빠지지 않고 등장합니다. '공주와 옹주의 차이점이 뭡니까?'라는 물음에 대한 답변도 실렸습니다.

덕혜옹주의 귀국 다음 달인 2월에는 영친왕 이은이 운현궁 관리인인 김택수를 통해서 국적 회복 신청을 했습니다. 몇 년 전, 미국에 거주하는 아들 이구를 만나기 위해서 일본 국적을 취득한 적이 있었기에 대한민국 국적을 다시 얻어야만 했지요. 덕혜옹주는 같은 달에 대한민국 국적을 취득합니다. 국적을 상실한 이가 대한민국에 거주하는 경우 법무부 장관의 허가를 얻어서 국적을 회복할 수 있다는 '국적법' 제14조 1항에 의거한 겁니다.

한편 덕혜옹주의 귀환은 국내에 남아있던 이왕가의 후손들의 근황에 관심이 기울어지는 계기가 되었습니다. 1962년 2월 10일 자 〈동아일보〉에는 왕실 후손들의 근황을 정리한 기사가 실렸습니다. 이 기사에는 남아있는 왕실 사람들은 모두 일곱 명으로, 최근에 귀국한 덕혜옹주를 필두로 조선의 마지막 임금인 순종의 부인 윤비와 고종의 둘째 아들 의친왕 이강의 부인 김씨, 고종의 후궁이었던 광화당 이씨와 삼축당 김씨, 마지막으로 히로시마에서 원폭에 희생된 이우의 부인 박찬주와 둘째 아들 이종뿐이라고 전했습니다. 큰아들 이청은 미국에 유학을 갔고요.

왕실의 후손들은 1954년 제정된 구황실재정처리법에 따라 설치된 구황실재산관리 사무총국으로부터 매년 일정한 생활비를 지급받게 되었습니다. 사무총국의 1년 예산은 2300만 환으로 윤비와 의친왕 이강의 부인 김씨, 광화당 이씨와 삼축당 김씨에게 지급 중이라고 했습니다. 하지만 사무총국으로부터 지급받는 생활비로는 생계를 유지할 수 없어서 곤란을 겪는 경우가 많다고도 전했고요. 덕혜옹주는 최근 귀국했기 때문에 생활비 지급 대상자가 아니며, 이우의 부인 박찬주와 아들은 별도로 운현궁을 소유하고 있기에 역시 대상자가 아니라고 설명합니다.

창덕궁 낙선재에 머물고 있는 윤비는 외부와의 접촉을 일체 하지 않고 있었습니다. 의친왕 이강의 부인 김씨는 효자동에 있는 칠궁에 머무르고 있는데, 오랫동안 중풍을 앓아서 친정식구들의 보살핌을 받는 중이었습니다. 광화당 이씨와 삼축당 김씨는 사간동에서 서로 이웃해서 살고 있었습니다. 생활비가 부족해서 살고 있는 집에 세를 줘서 사람들이 북적거리는 중이라고 취재한 기자가 설명합니다. 운현궁에 머물고 있는 박찬주는 때마침 미국 유학중인 큰아들 이청에게 보낼 옷을 지을 옷감을 사러 외출 중이었습니다. 다음 해에 영친왕 이은과 이방자 부부가 귀국하면서 일본으로 끌려갔던 왕실 사람들은 대부분 돌아왔습니다.

덕혜옹주는 입국한 직후부터 서울대학병원에서 지내면서 치료를 받지만 차도는 없었습니다. 그런 와중에 병원비가 밀리는 전대미문의 사고가 터졌습니다. 1967년 4월, 덕혜옹주가 입원해있던 서울대학병원과 영친왕 이은이 있던 성모병원에서 문화재관리국으로 밀린 병원비를 결제해달라는 청구서가 보내진 것이지요. 청구된 비용은 각각 44만 원과 216만 원으로, 당시에는 상당한 거액이었습니다.

문제는 문화재관리국에서 매달 덕혜옹주의 생활비로 2만 5,000원, 영친왕 이은의 생활비로 20만 원을 지급하고 있었다는 점입니다. 생활비 외에 입원비 명목으로 덕혜옹주에게 6만 5,000원, 영친왕 이은에게 15만 원이 매달 지급되었습니다. 이러한 비용은 이은의 아들 이구의 측근이 매달 받아가고 있었습니다. 하지만 입원비 중 일부만 지급되었을 뿐 나머지 금액은 온데간데없이 사라진 겁니다. 이 문제에 대해 이구의 부인 줄리아는 정부에서 주는 비용이 모자랐다고 변명했습니다. 하지만 문화재관리국에서는 입원 비용을 모두 지급했고, 생활비도 별도로 넉넉하게 지급했다고 반박했지요. 이런 와중에 덕혜옹주는 조용히 퇴원했습니다. 병세가 호전되었다는 병원 측의 설명이 있었지만, 그보다 바로 이 사건 때문은 아니었을까 조심스럽게 추측하게 됩니다.

퇴원한 덕혜옹주는 창덕궁의 낙선재 옆 수강재를 거처로 정합니다. 그녀보다 앞서서 이곳에서 지내던 조선의 마지막 왕비 순정효황후 윤씨가 그로부터 한 해 전인 1966년에 세상을 떠났지요. 낙선재에서 덕혜옹주의 삶은 지극히 조용하고 소박했습니다. 지친 그녀에게 남은 것은 아무것도 없었으니까요.

덕혜옹주가 어떤 삶을 살았는지를 보여주는 기록들은 사라진 왕가의 쓸쓸한 비애를 맛보게 합니다. 수강재에서의 덕혜옹주의 삶은 아무런 의미 없이 흘러갔습니다. 일주일에 한 번씩 병원에 가서 통원치료를 받는 것 외에는 할 일이 아무것도 없었거든요. 가끔 유모였던 변복동 할머니의 손을 잡고 뜰을 거닐곤 했지요. 그러다가 간혹 늙은 상궁들과 화투를 치는 것으로 소일했고요.

덕혜옹주는 올케언니 이방자나 아는 사람이 찾아와도 무표정으로 일관했다고 합니다. 누군가를 반가워하거나 뭔가를 기억할 만한 정신조차 사라졌으니까요. 누군가가 귀찮게 하거나 기분이 나쁘면 싫다는 의사 표시 정도만 했다고 합니다. 그녀가 과거 중에서 유일하게 기억했던 이는 딸 성혜였습니다. 가끔씩 손뼉을 치면서 "마사에!"를 외쳤다고 하네요. 슬픈 표정으로 말이지요. 모두 놔버린 과거에서도 결국 놓지 못한 것은 자신보다 일찍 세상을 떠난 어린 딸이었던 겁니다. 그런 덕혜옹주의 모습에서 주변 사람들은 망해버린 왕조의 비참함을 봤습니다. 〈경향신문〉 복식 담당 기자인 김유경은 자신의 책《옷과 그들》에서 덕혜옹주의 삶을 '소리 없는 흐느낌'이라고 표현했습니다.

수강재에서 지다

병세가 호전되었다면서 퇴원했던 덕혜옹주는 낙선재에서 지내면서 세상과의 인연을 끊었습니다. 그녀가 다시 세상에 모습을 드러낸 계기는 이복오라버니인 영친왕 이은의 죽음이었습니다. 덕혜옹주보다 1년 늦은 1963년 겨울에 귀국한 영친왕 이은은 비행기에 타기 전부터 사실상 의식이 없었습니다. 평소에 "죽어도 고국에서 죽어야겠다!"는 심정을 피력했기에 돌아오게 된 영친왕 이은은, 줄곧 성모병원에 입원한 채 지내야만 했습니다. 몇 번의 위기를 넘긴 영친왕 이은은 결국 깨어나지 못했습니다. 임종 직전에 낙선재로 옮겨진 영친왕 이은은 1970년 5월 1일 오후 1시 한 많은 생애를 마감했습니다.

덕혜옹주가 충격을 받을까봐 그녀에게는 임종 소식을 전하지 않았습니다. 그래도 몇 시간 후에 어찌어찌 소식을 전했지요. 하지만 별다른 반응을 보이지 않았다고 합니다. 허나, 분명 그녀의 마음속은 슬픔으로 갈가리 찢어졌을 것이라고 봅니다. 그로부터 닷새 뒤인 5월 6일, 덕혜옹주는 영친왕 이은의 유해가 모셔진 낙선재로 가서 조문을 합니다.

상복을 입은 덕혜옹주의 모습은 보는 사람들로 하여금 저물어가는 왕실의 마지막을 보는 듯한 기분이 들게 했습니다. 영친왕 이은의 죽음 이후 덕혜옹주는 자궁 안에 생긴 용종을 제거하는 수술을 받기 위해 서울대학부속병원에 입원합니다. 정신질환은 더 이상 나빠질 수 없을 수준까지 진행되었기 때문에 치료는 별다른 의미가 없었습니다. 지나간 세월에 입은 상처가 너무나 컸으니까요.

영친왕 이은의 사후, 왕실은 걷잡을 수 없이 무너집니다. 그의 아들 이구는 아버지와 덕혜옹주의 병원비를 횡령했다는 의혹을 산 것을 시작으로 사람들의 눈살을 찌푸리게 하는 일들을 저질렀습니다. 아울러 미국에서 일하던 시절에 결혼했던 줄리아와 이혼하는 등 여러모로 안 좋은 일로 사람들의 입에 오르내렸습니다. 덕혜옹주 역시 정신질환으로 사실상 세상과 담을 쌓고 살았기에 영친왕 이은의 죽음 이후부터 왕실은 구심점을 잃게 됩니다. 영친왕 이은의 부인 이방자는 일본인이었기에 왕실을 대표하는 상징성을 가지기에는 여러모로 무리였지요.

덕혜옹주가 수강재에 머물던 어느 날, 전남편인 소 다케유키가 찾아왔다고 합니다. 하지만 덕혜옹주의 상태가 악화될까 염려한 주변의 반대로 소 다케유키는 발길을 돌렸다고 하네요. 재혼 후 지나간 과거를 잊고 싶어 했던 그는 왜 한국까지 건너와서 전 부인을 만나려고 했을까요? 두 사람이 만났다면 어떤 얘기를 주고받았을까 문득 궁금해집니다. 어떤 이유로든 두 사람 모두 정략결혼의 희생자였던 것은 사실이니까요.

덕혜옹주의 주변을 지키던 왕실의 상궁들도 노환으로 차례차례 세상을 떠나갔습니다. 세상이 변하면서 왕실을 기억하는 사람들도 차츰 사라졌고요. 그래서 덕혜옹주는 왕실을 기억하게 만드는 '기억 너머의 존재'가 되었습니다. 1989년 4월 21일, 덕혜옹주는 자신이 머물던 수강재에서 77년간의 한 많은 생애를 마쳤습니다. 장례는 전주이씨 대동 종약원 주관으로 5일장으로 치러졌습니다. 덕혜옹주는 고종이 잠들어있는 홍유릉 근처에 모셔졌습니다. 그녀의 죽음은 조선 왕실의 마지막 왕녀가 세상을 떠난 것으로 보도됩니다. 하지만 필자는 역사에 상처를 입은 개인이 드디어 안식을 얻었다고 생각합니다.

살아생전에 덕혜옹주는 서툰 글씨로 적힌 편지를 순정효황후 윤씨에게 보낸 적이 있습니다. 마치 어린아이가 쓴 것 같은 낙서도 남아있습니다. 그 글씨를 볼 때마다 그나마 마지막에는 모든 것을 털어버리고 순수한 마음만 품은 것이 아닌가 싶네요. 그녀가 남긴 낙서는 주로 그리움에 관한 겁니다.

나는 이구 씨가 보고 싶다.

나는 비전하(올케언니 이방자)가 보고 싶어요.

나는 낙선재(에서) 살고 싶어요.

　덕혜옹주의 비극적인 삶은 많은 사람들의 기억에 남습니다. 민족의 비극을 상징하는 듯한 그녀의 삶은 책과 연극으로 소개됩니다. 1995년에는 윤석화 씨를 주인공으로 하는 연극 〈덕혜옹주〉가 막을 올립니다. 그 다음 해인 1996년에는 MBC에서 그녀의 삶을 다룬 단막극을 광복절 특집으로 방송합니다. 2011년에는 소설가 권비영이 쓴 《덕혜옹주》가 공전의 히트를 기록합니다.

제 2 장

이

건

이전

이건, 모모야마 켄이치

한 사람이 두 개의 이름을 가지고 살게 되는 것은 좋은 쪽이든 나쁜 쪽이든 삶이 둘로 쪼개졌음을 의미합니다. 이건, 그리고 모모야마 켄이치라는 이름을 가진 이 남자의 삶도 그러했습니다. 조선의 왕족으로 태어났지만 일본으로 귀화하면서 다른 삶을 살게 된 겁니다. 영친왕 이은과 덕혜옹주는 대한민국으로 돌아갔지만, 그는 새로 얻은 조국에서 남은 삶을 보내게 됩니다. 그는 대체 왜 조국을 버리고 일본을 선택했을까요?

아버지와 아들

이건은 1909년 의친왕 이강의 장남으로 태어났습니다. 흥미로운 것은 아버지는 의친왕 이강이 확실했지만, 어머니는 누구인지 명확하게 밝혀지지 않았다는 점입니다. 의친왕 이강은 보통 사람도 아니고 고종의 아들이자 순종의 배다른 동생입니다. 그런데도 그의 아들인 이건을 낳아준 여인이 누구였는지조차 알 수 없다는 점은, 이건의 삶을 파란만장하게 만드는 첫 번째 이유가 되었습니다. 물론 의친왕 이강이 거느렸던 수많은 첩들 중 한 명인 수관당 정씨가 생모로 알려지고 있습니다. 하지만 아버지가 아들을 대할 때의 다양한 모습들은 이건의 생모에 대한 궁금증을 증폭시킵니다.

이건에 대해서 알아보기 전에 먼저 그에게 막대한 영향을 미친 아버지 의친왕 이강에 대해서 알아보겠습니다. 조선 왕실 구성원들 중에 의친왕 이강만큼 극과 극의 평가를 받는 인물도 드물 겁니다. 한쪽에서는 일본의 지배에 저항하기 위해 상하이로 탈출하려던 독립투사로 대접받고, 다른 한쪽에서는 술과 여자를 탐닉하는 난봉꾼으로 묘사됩니다. 진실이 무엇이건 의친왕 이강은 고종의 아들로서 역사에 뚜렷하게 각인됩니다.

의친왕 이강은 1877년 장 상궁의 소생으로 태어납니다. 평범한 시대였다면 어머니는 후궁의 자리에 앉았을 것이고, 이강은 대군으로서 평생 유유자적하거나 혹시 운이 좋다면 왕위에 올랐을지도 모릅니다. 하지만 그가 태어난 시대는 구한말의 격동기였고, 아버지 고종의 옆에는 중전 민씨라는 무시무시한 인물이 버티고 있었습니다.

구한말의 선비이자 애국지사인 매천 황현은 그의 책 《매천야록》에 장 상궁이 아들 이강을 낳은 뒤 어떤 고초를 겪었는지 자세하게 적어놨습니다. 장 상궁이 고종의 아들을 낳았다는 얘기를 듣고 분노한 중전 민씨는 칼을 들고 그녀의 거처로 향했습니다. 그리고 문지방에 칼을 꽂으면서 화를 냅니다. 장 상궁은 머리를 풀어헤치고 문 밖으로 나와서 차가운 땅바닥에 엎드립니다.

"죽을죄를 지었습니다, 중전마마. 제발 저희 모자의 목숨만이라도 살려주십시오."

중전 민씨는 그런 장 상궁을 한참 쳐다보다가 칼을 떨어뜨립니다.

"과연 대전(임금)의 사랑을 받을만하구나. 임금의 총애를 받은 몸이니 함부로 죽일 수는 없지만, 궁궐에 머물게 할 수는 없느니라."

목숨을 건진 장 상궁은 궁 밖으로 쫓겨났다가 다시는 궁궐로 돌아가지 못하고 죽습니다. 일설에는 중전 민씨가 칼로 찌른 상처가 덧나서 죽었다고도 합니다. 이 일화는《매천야록》은 물론 의친왕 이강의 딸이 쓴 책에도 소개되었습니다. 하지만 실제 사실일 가능성은 거의 없습니다. 아무리 중전 민씨의 기세가 등등했더라도 직접 칼을 들고 임금의 성은을 입은 상궁을 죽이러 갈 수는 없기 때문입니다. 물론 중전 민씨로서는 아들 순종의 경쟁자가 될 수 있는 이강의 탄생이 반가울 리는 없었겠지요.

어쨌든 이강은 어머니 장 상궁과 함께 궁궐 밖으로 나와야만 했습니다. 어린 시절의 기록은 남아있지 않지만, 아마도 외가에서 계속 자랐던 것으로 보입니다. 그런 이강이 본격적으로 왕실의 일원이 된 것은 1892년 의화군에 책봉되면서였습니다. 아이러니한 것은 이강을 의화군으로 책봉하자고 주장한 이가 다름 아닌 중전 민씨였다는 점입니다. 이렇게 된 것은 중전 민씨의 유일한 아들이자 훗날 고종의 뒤를 이어 조선의 마지막 임금이 된 순종 때문이었습니다. 순종이 자식을 낳지 못하고 병약한 상태를 이어가자 이강에게 눈길을 돌린 것이지요. 혹시나 아들에게 무슨 일이 생기면 후계자는 자연스럽게 이강이 될 상황이었습니다. 그러니 미리 손을 써서 자기편으로 묶어둘 속셈이었던 것이지요. 어차피 이 시기에 이강은 순종을 제외하고 고종이 낳은 유일한 아들이었기 때문에 승계서열로는 두 번째인 인물이었습니다.

의화군으로 봉해진 이강은 1893년 혼인을 하고 다음 해에는 사절단인 보빙사로서 일본에 파견됩니다. 한반도의 패권을 놓고 청나라와 일본이 벌인 청일전쟁에서 일본이 승리할 기미를 보이자 사절단으로 파견된 것이지요. 물론 나이와 경력을 감안하면 상징적인 자리였습니다. 일본으로 건너갔던 의화군 이강은 이후 계속 외유를 하게 됩니다. 서구 열강을 시찰한다는 명목으로 미국으로 건너간 겁니다. 선교사 호러스 그랜트 언더우드*가 동행한 미국행은 다분히 정치적인 목적이 강했습니다. 언더우드의 회고에 따르면 어디를 가든 스파이가 따라다녔고, 누군가가 편지를 중간에 가로채기도 했습니다. 이렇듯 의화군 이강은 권력 암투의 중심에 놓였고, 그걸 피하기 위해서 멀리 미국까지 가야만 했던 겁니다.

1900년, 의친왕이 된 이강은 미국의 대학으로 유학을 떠납니다. 그곳에서 미국 여성과 염문을 뿌리는 등 자유분방한 생활을 했지요. 이렇게 멀리 미국으로 떠났지만, 의친왕 이강은 현재의 권력자들에게 불만을 품은 세력들의 대안으로 떠오릅니다. 일본 육군사관학교 유학생들을 중심으로 한 역모 사건을 시작으로 그를 옹립하려는 음모들이 빈번하게 발생하기까지 했지요. 결국 의친왕 이강의 귀국은 점점 더 어려워졌습니다. 왕실의 일원이면서도 이렇게 바깥으로 돌아야만 하던 의친왕 이강의 상황은 아들인 이건의 삶에도 영향을 미쳤지요.

러일전쟁에서 일본이 승리하고 을사늑약이 체결되면서 고종

---

* 1859~1916, 영국계 미국인 선교사로, 서양식 병원인 광혜원에서 조선인들을 돌보기도 했다. 현 연세대학교의 전신인 연희전문학교의 창립자다.

의 권력도 사라졌습니다. 초대 통감인 이토 히로부미는 고종을 견제하는 수단으로 의친왕 이강을 선택합니다. 오랫동안 외유와 위협에 시달린 의친왕 이강도 고종과 가깝게 지내지 않았으니까요. 이런 상황은 1907년 헤이그 밀사 사건으로 고종이 퇴위하고 순종이 즉위했을 때, 순종보다 20살이나 어린 영친왕 이은이 황태자의 자리에 오르게 된 원인이 됩니다. 원래대로라면 의친왕 이강에게 돌아갈 자리였습니다. 하지만 영친왕 이은에게는 엄 귀인이라는 든든한 어머니가 있었습니다.

중전 민씨를 모시던 상궁이었던 엄 귀인은 고종의 성은을 입은 사실이 발각되면서 장 상궁처럼 궁궐 밖으로 쫓겨났지요. 그녀는 중전 민씨가 일본 낭인들의 손에 무참하게 죽었던 을미사변 이후 궁궐에 돌아올 수 있었습니다. 경복궁에 유폐된 채 일본군의 삼엄한 감시를 받던 고종이 엄 귀인을 입궁시킨 것이지요. 이에 대해 매천 황현은 "중전이 왜놈들 손에 비참하게 죽은 지 며칠 지나지도 않았는데도 엄 귀인을 입궁시켰다"면서 혀를 찼습니다.

하지만 고종도 죽느냐 사느냐의 상황에 놓여있었기 때문에 엄 귀인의 재능이 반드시 필요했습니다. 살벌한 분위기의 경복궁으로 들어온 엄 귀인은 고종이 내린 임무를 충실하게 수행합니다. 고종과 순종을 자신과 궁녀의 가마에 태워서 경복궁 밖으로 감쪽같이 탈출시킨 겁니다. 고종과 순종을 태운 가마가 향한 곳은 정동에 있는 러시아 공사관이었습니다. '아관파천'이라고 불린 이 사건 때문에 을미사변을 일으키고 정권을 잡은 친일파 내각과 일본계 세력은 하루아침에 몰락합니다.

1년 남짓 러시아 공사관에 머물던 고종을 모시던 엄 귀인은 1897년 아들 이은을 낳습니다. 이로써 고종이 환궁한 후에 엄 귀인의 지위는 튼튼해졌고, 자연스럽게 아들 이은의 신분 역시 급부상하게 됩니다. 당시 고종의 아들인 순종은 병약해서 후계자를 낳지 못했으니까요. 자연스럽게 순종의 후계자는 이복동생인 이강과 이은 중에서 지목되어야만 했습니다.

문제는 이강이 나이가 훨씬 많았지만 정치 권력은 엄 귀인이 쥐고 있는 상황이었다는 겁니다. 고종은 조카인 이준용의 강력한 반대에도 불구하고 엄 귀인을 황귀비로 삼습니다. 1907년 헤이그 밀사 사건으로 퇴위하게 된 고종은 황태자로 이은을 책봉시켰지요. 자신보다 20살이나 어린 이복동생이 황태자가 되자 상심이 컸던 의친왕 이강은 일본으로 건너갔다가 곧 돌아옵니다. 권력 다툼으로 인해 외유를 하게 만들었던 나라가 사라졌으니 암살 위협에서 벗어날 수 있었으니까요.

식민지가 된 조선에서 의친왕 이강은 술과 여자에 빠진 채 세월을 보냅니다. 어떤 사람들은 일본의 감시를 피하기 위해 일부러 그런 것이라고 봤고, 반대로 진짜로 아무 생각 없이 즐겼을 수도 있습니다. 확실한 것은 호탕하고 직선적인 성격의 소유자라 일본에 눌려 지내던 조선 백성들에게서 큰 인기를 끌었다는 점입니다. 의친왕 이강이 자신의 부탁을 거절하는 조선총독이나 조선주둔군 사령관의 머리에 권총을 겨누고 호통을 쳤다는 얘기는 전설처럼 전해집니다. 아울러 의친왕 이강이 3.1 만세 운동에 관여했다는 점은 사실 여부를 떠나서 그의 일거수일투족이 관심 대상이었음을 일깨워줍니다.

의친왕 이강의 삶에 가장 큰 파문을 던진 것은 조선을 탈출해서 상하이에 있던 임시정부에 합류하려고 시도했다는 점입니다. 조선의 왕족들 중에서 실제로 독립운동에 뛰어든 이는 의친왕 이강이 유일합니다. 의친왕 이강의 탈출은 대동단이라는 독립운동 단체가 주도한 것입니다. 1919년 11월 9일 늦은 밤, 의친왕 이강은 일본 경찰의 눈을 따돌리고 대동단 조직원과 접촉합니다. 그리고 이틀 후인 11월 11일 만주행 열차에 몸을 싣습니다. 하지만 그를 감시하던 일본 경찰에 발각되면서 신의주에서 체포당합니다.

물론 그의 탈출 시도가 본심에서 비롯된 것이 아니라 "대동단이 돈을 미끼로 협박하는 바람에 어쩔 수 없이 끌려간 것이다"라는 주장도 제기되고 있습니다. 일단, 일본이 이 사건을 조사하면서 계속 "의친왕 전하의 자발적 탈출이 아니라 대동단의 납치였다"고 포장했으니까요. 물론 일본으로서는 의친왕 이강의 탈출을 어떻게든 해프닝으로 몰아가야 했지요. 가뜩이나 조선총독이나 일본군 고관들을 상대로 한 기행으로 조선 백성들의 인기를 끌고 있었으니까요.

이후 의친왕 이강은 가택 연금 상태에서 엄격한 감시를 받았습니다. 가택 연금이 풀린 후에도 일거수일투족이 감시의 대상이 되었고요. 그러다가 결국 1930년 의친왕의 지위를 내려놓고 일본에 머물기로 합의합니다. 이후 이강의 삶은 조용하게 역사 속으로 사라집니다. 이강이 내려놓은 작위는 그의 장남인 이건이 물려받게 됩니다.

알려지지 않은 어머니

이건의 삶을 이야기할 때 빼놓을 것 없는 것이 "어머니가 누구냐?"입니다. 아버지인 의친왕 이강은 수많은 여인들과 관계를 맺었고, 많은 아이들을 얻었습니다. 이건은 그중에서 가장 먼저 태어난 아이였습니다. 태어날 때 이름은 '이용길'이었고, 나중에 '이건'이라는 이름으로 바꿨습니다. 1909년에 태어난 것으로 알려졌지만, 이마저 사실인지는 불분명합니다. 평범한 집안의 아이도 아니고 의친왕 이강이 처음으로 얻은 아들이 생모와 출생일이 명확하지 않다는 점은 그의 출생에 드라마틱한 비밀이 있음을 의미합니다.

의친왕 이강을 모시던 궁녀 출신의 수관당 정씨가 생모라고 추측되지만, 당사자인 이건은 그 사실을 믿지 않았습니다. 확실한 것은 아버지 의친왕 이강의 사랑을 받지 못했다는 점입니다. 이건은 자신의 심경을 밝힌 수기에서 아버지가 자신을 미워한 것이 혹시 어머니가 일본인이라서가 아닐까 추측합니다. 실제로 황현의 《매천야록》에는 "의친왕 이강이 일본에 있던 시절에 일본 여인과의 사이에서 태어난 아이가 있었다"는 기록이 보입니다. "그 아이는 곧 죽었다"고 황현은 덧붙였지만, 그 아이가 혹시 이건은 아닐까 하는 이야기도 있지요.

이건의 이런 의심은 아버지의 냉대로 인해 더욱 커져갔습니다. 아버지는 술에 취하면 노골적으로 이건을 꾸짖거나 짜증을 냈고, 이건은 영문도 모른 채 스트레스를 받아야만 했습니다. 이렇게 아버지의 사랑을 받지 못한 이건은 열세 살 때 일본으로 유학을 떠났습니다. 노골적인 냉대는 유학 이후에도 이어집니다. 그가 방학 때 집으로 돌아와도 아버지는 배웅을 나가거나 따뜻한 말 한마디 하지 않았기 때문입니다. 이런 아버지의 냉대에 화가 머리끝까지 난 이건은 어느 날 폭발하고 맙니다. 비가 억수같이 쏟아지던 날 웃통을 벗고 마당에 서서 고함을 지른 겁니다.

"아버지, 왜 저를 미워하십니까! 제발 말 좀 해주십시오."

그날 이건은 대답을 듣지 못했습니다. 숫제 영원히 들을 수 없었던 바로 그 대답은 이건을 평생 끈질기게 괴롭힙니다. 이건이 왜 그렇게 사랑을 받지 못했는지는 알 수 없습니다. 추측해보자면 아버지인 의친왕 이강이 조용하고 순종적인 이건의 성격을 못마땅해하면서 틀어졌을 수 있습니다. 의친왕 이강은 임시정부가 있던 상하이로 망명을 시도했고, 화가 나면 권총을 꺼내 일본 고관들과 장군들을 위협했던 사람입니다. 좋게 말하면 기개가 있었고, 나쁘게 말하면 물불 안 가리는 화끈한 성격의 소유자였던 것이지요.

이건이 조용하고 순종적인 인물이 된 건 아마도 아버지의 냉대 때문에 늘 눈치를 봐야 했기 때문일 겁니다. 장남의 그런 모습을 본 화끈한 아버지의 심사는 더욱 뒤틀렸을 것이고요. 아버지의 꾸짖음과 냉대가 이어지면서 부자지간은 더욱 멀어졌습니다. 이건은 아버지에게 얻지 못한 위안을 자신을 시중드는 일본인들에게서 얻었습니다. 이 과정에서 쌓인 친근함은 훗날 이건이 조국 대신 일본을 선택하게 된 또 하나의 원인이 됩니다.

이건의 마음고생은 이복동생인 이우 덕분에 더 심해져갑니다. 이우는 여러모로 아버지를 빼닮았습니다. 호탕한 성격에 일본을 싫어하는 모습은 아버지를 흡족하게 만들었지요. 이건이 아버지에게 혼나면서 많이 들었던 얘기는 아마도 "네놈은 네 동생보다 못하구나!"라는 얘기였을 겁니다. 더군다나 이우가 이준용의 양자로 들어가면서 이건의 속상함은 이어집니다. 이준용은 고종의 형인 흥친왕 이재면의 장남이었지요. 이준용이 아들 없이 세상을 떠나자 가문을 계승하기 위해서 이우가 양자로 들어갔던 겁니다. 그러면서 이준용의 작위와 재산을 물려받았고요.

물론 큰아들을 양자로 보내는 경우는 없습니다. 하지만 자신은 아버지의 냉대를 받는 상황에서 이복동생이 '전하'라는 호칭을 받는 것이 결코 보기 좋지는 않았을 겁니다. 실제로 이우는 홍친왕의 손자이자 계승자 대접을 받았지만, 이건은 그냥 의친왕의 아들이었을 뿐입니다. 이런 냉대 속에서 이건은 일본 육군사관학교에 입학합니다. 당시 일본 왕족들은 모두 군인의 길을 걸어야만 했고, 일본 왕실에 편입된 조선의 이왕가도 마찬가지였습니다. 그런 방침으로 인해서 이건도 일본군 장교가 되어야만 했습니다.

이건이 육군사관학교를 졸업하던 해인 1930년 드디어 이건에게도 빛이 드리워집니다. 앞서 상하이 임시정부로의 탈출을 기도하던 아버지가 공식적으로 은퇴를 선언하면서 그에게 작위가 승계된 겁니다. 은퇴한 아버지 이강은 일본으로 건너왔지만 두 사람이 만났다는 기록은 찾아볼 수 없습니다. 이건은 작위를 세습받은 다음 해인 1931년에 혼인했습니다. 상대는 영친왕 이은의 부인 이방자의 외가 쪽 친척인 해군 대좌* 마쓰다이라 유타카의 딸 요시코였습니다.

혼인 과정은 좀 복잡했지요. 요시코의 아버지가 귀족이 아니었기 때문입니다. 결국 두 사람의 혼인을 위해서 요시코가 친

---

* 국군의 대령과 동급이다.

척인 히로하시 백작의 양녀가 되는 과정을 거쳐야만 했습니다. 요시코는 이름을 세이코로 바꾼 뒤 이건과 혼인했습니다.

두 사람 사이에서는 아들 둘과 딸 하나가 태어났습니다. 아버지의 냉대를 받기는 했어도 이건의 삶은 같은 시대 조선인들의 삶보다 훨씬 안정적이고 편안했습니다. 이건이 직접 남긴 수기에 의하면 일본 왕실은 자신을 따뜻하게 환대한 반면, 조선 왕실은 차갑기 그지없었다고 합니다. 그러면서 일본 귀족들과 어울려 밤새 술을 마시고 놀았던 때가 좋았다는 얘기도 남겼습니다. 조선의 왕족으로서의 책임감 대신 삶의 쾌락에 눈길을 준 것이었지요.

일본 육군 중장의 자리까지 오르면서 철저한 일본인으로 살았던 영친왕 이은조차 조선에서 건너온 유학생들을 위해 기숙사를 세우고 장학금을 지급했던 것과는 딴판입니다. 자신이 당한 부당함과 울분만 생각했을 뿐, 왕족으로서의 책임감에는 눈을 감았던 것이지요. 이런 사고방식은 그의 삶에 큰 영향을 끼칩니다.

일본이 태평양전쟁을 일으킨 이후에도 이건의 삶은 크게 고통스러워지지 않았습니다. 군인의 신분이기는 했지만 왕족들과 귀족들은 전쟁터에 내보내지 않는다는 방침이 있었기에 이건도 일본에 있는 육군대학에서 주로 근무했습니다. 덕분에 안전한 후방에서 순조롭게 진급하면서 자신의 취미인 자동차 수집에 열중할 수 있었고요.

이건이 훗날 엄청나게 그리워했던 왕족으로서의 편안함은 1945년 8월 15일로 막을 내렸습니다. 귀족으로 지내던 이건의 삶은 일본의 패전 이후 갑자기 바뀌었습니다. 귀족 제도가 사라지면서 가지고 있던 모든 특권도 사라졌으니까요. 막대한 보조금을 받던 귀족들은 집안에서는 하인들의 시중을 받고, 밖에서는 늘 자동차로 다녔습니다. 따라서 혼자서는 길을 갈 수도 없었고요. 심지어 이방자는 빨간불이 정지신호인 줄 모르고 길을 건너다가 차에 치일 뻔하기도 했습니다. 이런 혼란은 평생 호의호식하면서 살았던 수많은 귀족들을 절망의 구렁텅이로 몰아넣었습니다.

하지만 이건은 의외로 이런 상황을 잘 견뎌냅니다. 그리고

1947년에 일본으로 귀화했습니다. 국적 문제는 매우 민감했지요. 일례로 영친왕 이은과 이방자 부부가 미국에 사는 아들 이구를 만나기 위해 일본 국적을 이용했다가 두고두고 비난을 받은 적이 있지요. 특히 조선이 오랫동안 식민지로 지내다가 신생 독립국이 된 상황에서 국적 선택은 단순한 문제가 아니었답니다. 하지만 이건은 한술 더 떠서 '모모야마 켄이치'라는 일본 이름으로 바꿨습니다. 평생 아버지의 냉대를 받았던 이건은 '조국'에 별다른 애정을 가지고 있지 않았던 것이지요. 해방 이후 좌우의 대립과 38선 분단으로 인해 어지러웠던 한반도의 정세 때문에 귀환하기도 어려웠고요. 어떤 면에서는 이건, 아니 모모야마 켄이치는 자신만의 방식으로 혼란한 시대를 살아가기로 결심했다고 볼 수도 있겠네요.

그에 반해 평생 단 한 번도 겪은 적이 없고, 상상조차 못해본 혼란 속에서 영친왕 이은과 이방자는 혼란과 좌절과 무기력함에 빠집니다. 자신의 일조차 평생 스스로 결정해본 적이 없이, 궁내성이 시키는 대로만 하면서 살았던 도련님과 아씨였던 그들은 결정적인 순간에 최악의 판단만 내렸지요. 그래서 광복

후 도쿄에 있는 저택을 주일대표부의 공관으로 넘겨주는 문제를 비롯해, 다양한 문제들에 대한 결정을 제대로 내리지 못했습니다. 결국 갈팡질팡하던 영친왕 이은은 엉뚱한 곳에 저택을 넘겼고요. 물론 이 일은 두고두고 그의 발목을 잡았습니다.

새로운 조국

패전 이후 새롭게 바뀐 세상에서 힘겹게 적응하던 이방자는 어느 날 깜짝 놀랄만한 소식을 듣습니다. 이건 부부가 시부야 역 앞에서 단팥죽을 파는 가게를 열었다는 겁니다.

태평양전쟁에서의 패전 이후 일본 곳곳에는 암시장들이 세워졌고, 시부야 역 앞도 그중 하나였습니다. 그러나 아무리 귀족 제도가 폐지되었더라도 옛 왕족이 길거리에서 장사를 한다는 것은 상상도 할 수 없는 일이었습니다. 이방자는 남편인 영친왕 이은과 함께 시부야로 향합니다. 반신반의했던 두 사람은 이건 부부가 '모모야'라는 간판을 내건 가게를 하고 있는 것을 직접 목격하고는 입을 다물지 못합니다. 그런 두 사람에게 이건이 활달하게 말을 겁니다.

"어서 오십시오. 숙부님, 숙모님!"

얼떨떨해진 영친왕 이은 부부는 단팥죽을 먹고는 자리를 뜨려고 했습니다. 그런 두 사람에게 이건이 물었습니다.

"숙부님은 앞으로의 생활을 위해 어떤 계획을 세우셨나요?"

조카의 단도직입적인 질문에 영친왕 이은은 아무런 대답도 하지 못했다고 합니다. 옆에서 지켜보던 이방자는 꿋꿋하게 생활하는 이건의 모습에서 큰 감명을 받았다고 합니다.

이건의 물음은 영친왕 이은의 생계를 걱정했다기보다는 자신만만함과 여유로움을 자랑하기 위한 것으로 보입니다. 영친왕 이은은 의친왕 이강보다 늦게 태어났지만 어머니인 엄 귀인이 손을 쓴 덕분에 황태자가 되었습니다. 일본이 조선을 강제로 병합한 이후에도 이왕가를 대표하는 인물로 자리매김했습니다. 원래대로였다면 자신의 몫이었을 것을 빼앗은 얄미운 숙부에게 날리는 독설이었던 셈입니다.

이건은 단팥죽은 물론 산양젖과 과자도 파는 등 장사에 힘을 쏟습니다. 하지만 그의 노력에도 불구하고 장사는 처참하게 실패했습니다. 처음에 호기심으로 찾았던 손님들이 발길을 끊었으니까요. 세상이 바뀌었어도 귀족이 장사까지 하는 것에 대한 반감도 적지 않았던 것입니다. 결국 야심차게 시작한 장사가 실패한 뒤, 그 이후 벌인 사업들도 모두 성공하지 못하자 이건은 크게 낙담합니다. 세상이 녹록치 않다는 것을 깨달은 그에게 찾아온 것은 절망감뿐이었습니다.

이건은 영친왕 이은의 만류에도 불구하고 일본식 이름으로 바꾸고 새로운 세상에서 새 출발을 하고 싶었던 겁니다. 그래서 영친왕 이은을 비롯해서 주변에 보란 듯이 잘 지내고 있음을 증명하고 싶었습니다. 하지만 장사가 연거푸 실패하자 그의 야심찬 계획도 무너져내렸지요. 뒤바뀐 세상은 온실 속의 화초처럼 지내온 이건에게는 녹록치 않았던 겁니다.

바깥일이 원하던 대로 풀리지 않자 집안에서도 문제가 생기기 시작했습니다. 바로 부인과의 갈등입니다. 부인인 세이코도 원래는 귀족 집안 출신이었지만 새로 바뀐 세상에 적극적으로 뛰어듭니다. 이방자도 이 시기에는 쇼핑을 하고 물건을 깎는 재미에 푹 빠져 지냈다고 합니다. 평생 예의범절에 얽매어 살던 세이코에게도 패전 후의 일본은 흥미로운 세상이었던 것이지요. 남편 이건의 장사가 실패하고 생활비가 쪼들리자 세이코는 생계 유지를 명목으로 바깥에 나가기 시작합니다. 급기야 긴자의 클럽에서 마담으로 일하게 되었습니다.

세이코의 이런 행보는 당시로서는 매우 파격적이어서 많은 화제거리가 되었습니다. 물론 '안 좋은 쪽'으로 말이지요. 이건은 긴자의 마담으로서 제 세상을 만난 듯한 아내에게 불만을 품었습니다. 세이코도 세상이 바뀐 지가 언젠데 아직까지 구시대적인 사고방식에 빠져있느냐며 남편에게 짜증을 냈습니다. 그러다가 큰아들이 이건의 아들이 아니라는 사실이 뒤늦게 밝혀지면서 결국 파국을 맞이하게 됩니다.

이건은 아내와의 불화가 한창이던 시절에 우연찮게 거리에서 만난 여인에게 푹 빠집니다. 아내의 결혼 전 이름과 비슷한 이름을 가진 마에다 요시코는 유흥가에서 일하던 여성입니다. 하지만 이건에게는 지상에 내려온 천사나 다름없었지요. 사업 실패와 아내와의 갈등으로 지쳐있던 이건은 그녀에게서 위안을 받았습니다. 결국 그녀와 살기 위해 세이코에게 이혼을 요구했고요.

세이코도 사사건건 발목을 잡는 남편 이건에게 질려있던 터라 기다렸다는 듯 이혼에 동의했습니다. 한때 귀족이었던 두 사람의 이혼은 언론에 크게 다뤄지면서 가십거리가 됩니다. 당시 일반인이 된 귀족들의 이런저런 고생담은 언론의 좋은 먹잇감이었지요. 두 사람의 갈등과 이혼은 더더욱 크게 다뤄지면서 그들을 지켜보던 영친왕 이은과 이방자 부부를 곤혹스럽게 만들었습니다. 이건은 이혼 후에 자신의 소생이 아닌 장남을 세이코에게 보내고 차남과 딸을 데리고 살게 됩니다. 이건은 재혼한 부인에게서 또 한 명의 아들을 얻습니다. 장남을 데리고 떠난 세이코는 원래 이름인 마쓰다이라 요시코로 돌아갔습니다.

이건은 재혼한 부인을 완벽한 여인으로 묘사했지만, 그녀도 사실 여러모로 문제가 많았습니다. 특히 영친왕 이은과 이방자 부부가 살고 있는 집에 어린 아들을 데리고 쳐들어와서는 돈을 요구하곤 했습니다. 그럴 때마다 영친왕 이은과 이방자 부부는 밖으로 나가서 기다렸다가 그녀가 돌아간 것을 확인한 다음에야 집으로 돌아왔다고 합니다.

　이혼 문제가 정리되자 이건은 가족들을 데리고 사이마타 현으로 이주한 뒤, 그곳에서 지냅니다. 이후 인쇄 관련 기술을 배워서 그쪽 일을 하면서 생계를 유지했고요. '인쇄기술자 모모야마 켄이치'라는 일본인으로서 살아가게 된 겁니다. 하지만 종종 한국으로 건너오곤 했는데, 주로 아버지인 의친왕 이강의 재산을 찾기 위한 소송 건 때문이었습니다.

　작위를 내놓고 은퇴한 채 일본으로 건너가있던 전 의친왕 이강은 1935년 조용히 조선으로 돌아옵니다. 이미 나라는 사라진 지 오래였지만, 일본 왕실에 편입된 이왕가의 공식적인 수장은 배다른 동생인 영친왕 이은이었습니다.

　임시정부가 있던 상하이로의 망명 사건은 이미 잊혀진 지 오래였지만, 일본의 감시는 계속 이어졌습니다. 그러다가 해방을 맞이한 이강의 삶은 이전과는 비교할 수 없을 정도로 쇠락했습니다. 해방 정국의 혼란 속에서 이강은 자신의 집인 사동궁에 칩거합니다. 상하이 임시정부 주석이던 김구가 사동궁으로 찾아왔다는 기록이 있지만,《백범일지》에는 나와있지 않아서 사실인지를 확인할 수는 없습니다.

평생을 왕족으로만 살았던 이강에게 해방 정국의 혼란상은 그가 견디지 어려울 정도의 고통을 안겨주었습니다. 더군다나 초대 대통령인 이승만이 노골적으로 냉대하면서 이강의 삶은 한없이 어려워집니다. 결국 1955년 불우한 말년을 살던 이강은 세상을 떠납니다. 대통령 이승만의 심기를 건드리지 않으려고 했는지, 그의 장례는 아주 간소하고 조용하게 치러집니다. 돌아가신 아버지의 성묘를 위해서가 아니라 그가 남긴 재산 때문에 한국을 방문한 이건, 아니 모모야마 켄이치는 친척들과 벌인 소송에서 패한 뒤 빈손으로 '귀국'했습니다. 그리고 조용히 살다가 1990년 세상을 떠납니다.

재혼한 부인에게서 얻은 아들은 자신의 아버지가 조선의 왕족이었다는 사실을 나중에야 알았을 정도로 이건, 아니 모모야마 켄이치는 자신의 삶을 숨기고 살았습니다. 결국 그의 삶은 기억되지 못한 채 끝나고 맙니다. 이건으로서의 삶도 없어졌고, 모모야마 켄이치로서의 삶도 사라졌습니다. 단지 '경계선에서 갈팡질팡했던 어떤 '사람'만이 남았을 뿐입니다. 이건, 아니 모모야마 켄이치는 자신의 삶이 불행과 고통으로 점철되었다고 생각했을 겁니다. 하지만 그 불행이 어디에서 왔는지, 자신이 무엇 때문에 그런 삶을 살아가야 했는지에 대한 근본적인 고민을 하지는 않았습니다. 덕분에 그는 왕실의 구성원으로서도, 일본인으로서도 불행한 삶을 살 수 밖에 없었습니다.

이렇듯 이건으로 태어나서 모모야마 켄이치로 세상을 떠난 그는 자신의 삶을 어떻게 돌아봤을까요? 일본의 패전 이후 오히려 일본 이름을 얻고 일본인으로 살아가기로 했던 그의 마음 속에서는 어떤 나침반이 흔들리고 있었을지 자못 궁금합니다. 그가 왜 일본인으로 살아가기로 결심했는지 답을 찾기는 그다지 어렵지 않습니다.

이건은 자신이 조선인으로 태어났을 뿐 조선으로부터 아무 것도 받지 못했다고 생각했습니다. 일본인으로 살아가도록 교육을 받았고, 일본 군인이자 귀족으로서의 삶을 살아왔습니다. 그가 생각했던 가장 행복했던 시기는 바로 일본 귀족으로 지냈을 때였지요. 그래서 해방이 되자마자 혼란과 분단에 빠진 '조국' 대신 일본을 선택했던 겁니다. 이건은 이를 '나름대로 합리적인 결정'이라고 믿었겠지요. 하지만 인간의 삶과 역사는 합리성만으로 전개되지는 않습니다. 그랬다면 자신의 목숨은 물론 가족들의 안위까지 걸린 독립운동은 존재하지 않았겠지요.

일본인으로 살아가기로 한 이건의 선택은 그렇기에 일말의 아쉬움을 남겼습니다. 어쨌든 같은 시대 다른 조선인들보다 더 편하고 행복하게 지냈으면서, 그것이 어디에서 비롯되었는가에 대해서는 생각하지 않았으니까요. 아울러 아버지에 대한 증오에 눈이 멀어 조국을 버린 점, 일본이 자신을 귀족으로 대접해준 것을 특별하게 생각했던 점 등은 더할 나위 없는 실책입니다. 덕분에 이건의 일본 귀화는 '왕실이 조국을 버린 대표적인 사례'로 지금까지 손꼽힙니다. 당연히 이로 인해 조선 왕실에 대한 일반 시민들의 시선은 더욱 차가워졌고요. 이건은 조국이 자신을 버렸다고 생각했지만, 사실 그의 '조국'이 그로부터 버림을 받았던 겁니다.

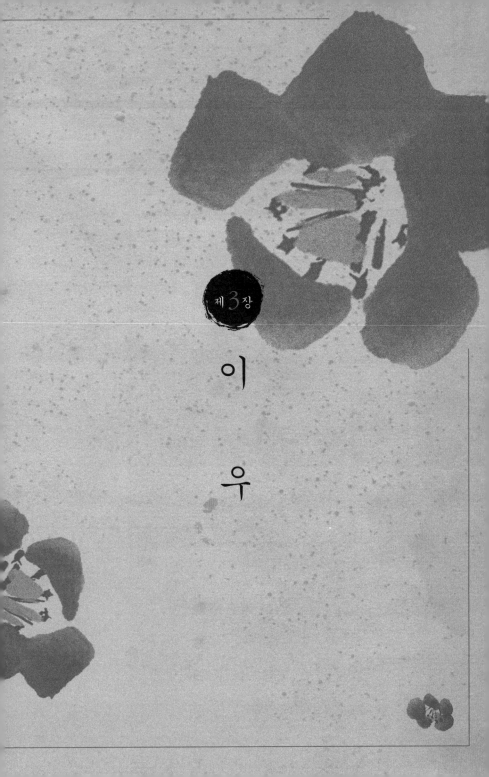

제3장

이

우

이우

원폭의 구름 속에서 사라진 조선의 꿈

이우 왕자를 보면 군계일학(群鷄一鶴)이, 말 그대로 '닭 무리 속의 고고한 학 한 마리'가 떠오릅니다. 숙부인 영친왕 이은과 배다른 형인 이건 등 다른 왕족들이 일본에 순응하거나 지배 계급에 편입되어 호의호식하던 반면, 그는 죽을 때까지 일본과 대립각을 세웁니다. 당시 이왕가의 구성원들은 예외 없이 일본인과 혼인해야 한다는 원칙에도 정면 도전해서 끝끝내 조선인 부인과 혼인했습니다. 일본군 장교로 있으면서도 마지막 순간까지 조선의 독립에 대해 깊이 생각했던 점도 눈에 띕니다.

하지만 안타깝게도 1945년 8월 6일 히로시마에서 근무하던 이우 왕자는 원자폭탄의 희생자가 되고 말았습니다.

의친왕 이강의 둘째 아들

이우는 1912년에 태어났습니다. 그를 소개하면서 종종 '왕자'라는 호칭을 붙이지만, 엄밀하게 얘기하자면 이우는 왕자가 아닙니다. 이우가 받은 작위는 공작이기에 정확한 명칭은 '전하'입니다.

아버지는 '독립운동가'와 '난봉꾼'이라는 상반된 평가를 동시에 받고 있는 의친왕 이강이었고, 어머니는 후궁인 수인당 김씨였습니다. 그녀는 의친왕 이강이 임시정부가 있는 상하이로 탈출하려고 할 때 데리고 가려고 할 정도로 총애를 받았습니다. 의친왕 이강은 수인당 김씨를 좋아했던 만큼, 그녀가 낳은 첫 번째 아들인 이우도 무척 좋아했다고 합니다. 명목상의 장남인 이건이 불만을 드러낼 정도였다고 하니까 얼마나 많은 사랑을 받았는지 짐작할 수 있습니다.

어린 시절 이우의 운명을 바꾼 가장 큰일은 이준용의 양자로 들어간 것이었습니다. 지금은 볼 수 없는 풍경이지만, 몇 십년 전만 해도 대가 끊긴 집안에서 친척 아이를 양자로 들이는 일은 흔했습니다. 이준용은 고종의 형인 이재면의 아들입니다. 흥선대원군이 섭정을 길게 하기 위해서 일부러 장남 대신 어린 차남을 택한 일을 기억하시지요? 그래도 이재면 또한 동부승지와 이조참판 등의 관직을 역임합니다.

이재면은 임오군란 때 청나라에 끌려간 아버지를 따라갔다가 운현궁으로 돌아와서 오랫동안 칩거했습니다. 임금의 형이라는 지위는 자칫하다가는 목숨이 위태로울 수 있는 자리니까요. 이후 고종의 권력이 차츰 약화되면서 권력의 중심에 서게 됩니다. 1910년 일본이 조선을 강제로 병합하면서 왕실이 이왕가로 격하될 때, 이재면은 흥친왕이라는 작위를 받습니다.

이재면의 장남 이준용은 할아버지인 흥선대원군 이하응의 총애를 듬뿍 받습니다. 고종이 흥선대원군 이하응과의 사이가 틀어지면서 집안 내에서의 다툼은 심해졌지요. 특히 흥선대원군 이하응이 사랑하던 서자 이재선을 고종이 역모 혐의로 죽이면서 이 다툼은 한층 커집니다. 이준용을 왕위로 올리려는 음모도 몇 차례 벌어졌고, 실패로 돌아간 이후에도 이준용은 흥선대원군 이하응의 측근으로 맹활약을 합니다. 그러나 1895년 철종의 사위이자 구한말의 정치인이던 박영효 등을 암살하려 했다는 죄목으로 체포되고 사형 판결을 받습니다. 다행히 고종이 그의 죄를 감면해주면서 목숨을 건졌지요. 석방된 이후 일본으로 출국한 이준용은 고종이 헤이그 밀사 사건으로 퇴위한 다음에야 귀국할 수 있었습니다. 1912년 아버지인 흥친왕 이재면이 세상을 떠나자 가문을 승계합니다. 하지만 1917년 후사를 남기지 않고 갑작스럽게 세상을 떠납니다.

가문의 대가 끊길 위험에 처하자 이준용의 부인은 고종에게 양자를 선정해달라고 요청합니다. 이준용에게 딸이 하나 있긴 했지만, 가문을 승계하려면 반드시 남성이 필요했던 시절이었습니다. 운현궁을 물려받을 수 있었기에 수많은 사람들이 자천타천으로 양자가 되려고 했습니다. 하지만 이준용의 부인은 왕실 집안에서 양자를 들이고 싶다고 강력하게 요청합니다. 고종은 자신의 아들인 의친왕 이강의 차남 이우를 이준용의 양자로 삼게 합니다. 이때 고종이 직접 이우를 자신의 차에 태워 운현궁으로 데리고 들어갔다고 합니다. 이로써 이우는 불과 여섯 살의 나이에 이준용의 양자가 되면서 공작의 지위와 운현궁을 물려받습니다. 이우가 고종의 손자라는 점을 감안하면 양쪽이 화해를 한 셈이기도 합니다.

일본은 조선을 집어삼키면서 왕실은 이왕가로 존속시키고, 지배 계급에도 작위를 나눠주고 은사금을 뿌립니다. 물론 포섭하기 위함이었지요. 이런 상황에서 나라를 팔아먹고 자기 주머니를 챙기는 자들이 속출합니다. 조선의 마지막 왕후인 순정효황후 윤씨의 조카 윤덕영이 대표적입니다. 그는 순정효황후가 치마폭에 옥새를 숨기고 버티자 치마폭을 들춰버리고 옥새를 빼앗아서 한일병합조약서에 날인하게 만들어버립니다. 윤덕영은 이 공로를 인정받아 자작의 작위와 함께 막대한 은사금을 받습니다. 윤덕영은 이때 받은 은사금으로 서촌 일대에 네오르네상스풍의 거대한 주택인 벽수산장을 짓습니다. 왕실은 무력했고, 지배 계급은 저항 대신 복종을 택하면서 조선은 일본의 손아귀에 넘어갑니다. 하지만 아직 어린 이우에게는 남의 나라 이야기였을 뿐입니다.

'경성'으로 이름이 바뀐 한양에서 유치원과 소학교를 졸업한 이우는 1922년 다른 왕족들처럼 일본으로 유학을 떠납니다. 어린 시절의 이우는 영특하고 명민하다는 평가를 받습니다. 일본은 조선의 왕실을 철저하게 세뇌시키기 위해서 어린 왕자들과 왕녀를 '유학'이라는 명목으로 일본으로 끌고 갔습니다. 이우의 숙부인 영친왕 이은과 고모인 덕혜옹주는 물론 배다른 형인 이건도 유학을 떠나야 했지요. 이강도 선택의 여지없이 일본으로 건너가야만 했습니다.

이우도 귀족들의 자제들만 다니는 학습원에 입학합니다. 학습원에 편입했던 이우는 육군유년학교에 입학했다가 육군사관학교에 들어갑니다. 일본으로 유학을 간 이우의 거처를 마련하기 위해 도쿄에 저택이 지어집니다. 서양풍의 2층으로 지어진 저택은 운현궁의 별궁이라는 뜻으로 '도쿄 별저'라고 불립니다.

당시 일본의 남성 왕족들은 학습원에서 교육을 받고 성인이 되면 군인이 되어야만 했습니다. 군인이 되어야 한다는 점을 제외하고 왕족으로 살아간다는 것은 꽤 매력적이었지요. 일본에 머물 당시 이우는 번호판 대신 이왕가의 상징인 오얏꽃 문장이 새겨진 리무진 승용차를 이용했는데, 이걸 본 교통경찰은 깍듯하게 경례했다고 합니다. 조수석에는 시종이 탔는데, 근처에서 다른 차나 마차가 접근하면 소리를 쳐서 쫓아냈습니다. 한마디로 이 시기 일본은 귀족들의 천국이었고, 이우는 그중에서도 가장 높은 왕족으로서 대접을 받은 거지요. 영친왕 이은과 이건은 이런 대접에 만족하면서 순응합니다. 하지만 이우는 그렇지 않았습니다.

반항아

숙부인 영친왕 이은과 배다른 형인 이건이 일본의 '모범국민'이었다면, 이우는 일본의 골칫거리였습니다. 그가 일본을 싫어했다는 점은 여러 증언을 통해서 확인할 수 있습니다. 가장 명확한 증거는 이우를 감시했던 일본의 〈감시일지〉입니다. 지난 2014년 군산 동국사 주지인 종걸 스님이 공개한 〈감시일지〉에는 이우의 반항아적인 모습이 그대로 담겨있습니다.

〈감시일지〉는 이우가 일본 육군사관학교에 입학한 1929년에 작성되었습니다. 작성자는 교관인 사토 중위였습니다. 필자는 답사 차 군산의 동국사를 방문했다가 종걸 스님으로부터 〈감시일지〉의 복사본 일부를 선물 받았습니다.

〈감시일지〉는 매일 작성되었고, 이우는 매우 정중한 대접을 받았다는 점이 엿보입니다. 세세한 부분까지 기록에 남겨졌고요. 예를 들어, 1929년 4월 10일 자 〈감시일지〉에는 교련 중에 턱이 앞으로 나온다는 것까지 기록되어있습니다. 경례 동작이 어색해서 교련 시간에 지적을 받기도 했습니다. 5월에는 교육 시간에 졸았다는 기록이 나옵니다. 교관들의 평가는 '반항적'이라는 지적이 대세를 이룹니다. 지는 것을 싫어하고, 남들이 자신에게 지시를 내리는 것도 꺼린다는 얘기도 보이고요. 어쩐지 리더의 모습이 엿보입니다. 6월에 시행된 신체검사에서는 156센티미터의 키에 46킬로그램의 체중이 확인됩니다.

지금의 청소년과 비교하면 작은 키와 체중이지만, 당시에는 평범한 체형이었습니다.

7월 5일 자에는 흥미로운 점이 두 가지 나타납니다. 먼저 국어(일본어) 수업 중에 언짢은 내용이 있었는지 결석을 감행했으며, '발작 증세'가 있다는 기록도 남겨져있습니다. 발작 증세는 이우가 간질을 앓았음을 의미합니다. 여름 방학 때에는 조선을 다녀오기도 했습니다. 사관학교로 돌아온 이후의 건강검진에서 혈관부종 증세가 발견되었기에 며칠 동안 쉬기도 합니다. 대체적으로 교육을 잘 받았지만 자신이 좋아하는 승마를 즐기려 했고, 교관들에게 반항하는 모습을 엿볼 수 있습니다. 아버지인 의친왕 이강의 성격을 그대로 물려받아서일 수도 있고, 일본이 조선을 지배한다는 점이 부당하다는 것을 깨달았기 때문일 수도 있습니다.

사관학교 시절 일본인 동급생과 싸우거나 화가 났을 때에는 일부러 조선말로 욕을 하거나 화를 내서 상대방을 곤란하게 만들었습니다. 평범한 조선인이었다면 모르겠지만, 왕족 대우를 받는 이우에게 따질 사람은 없었습니다. 그의 반항심에 대해서는 이왕직의 일본인 관리들도 혀를 내두를 정도였습니다. 특히 배다른 형인 이건이 순순히 일본 여인과 혼인하고 시키는 대로 해서 환심을 샀던 반면, 이우는 사사건건 트집을 잡거나 말을 듣지 않아서 일본인들을 곤경에 빠뜨렸습니다.

영친왕 이은의 부인 이방자의 회고록에는 이우가 이왕직 직원들을 어떻게 곤란하게 만들었는지 나옵니다. 백화점에서 쇼핑을 하는 경우 이건은 이왕직 직원에게 허락을 받고 물건을 구매한 반면, 이우는 자기 입맛대로 물건을 골랐습니다. 지켜보던 이왕직 직원이 만류하면 버럭 화를 냈다고 합니다.

"아니, 내 돈 가지고 내가 산다는 데 무슨 상관이야!"

대놓고 무안을 당한 이왕직 직원은 아랫입술을 깨물면서 고개를 숙여야 했습니다. 또한 일본 음식이나 물건을 대놓고 싫어했고, 간섭을 받는 것도 마땅찮아 했습니다. 이런 반항적이고 호탕한 성격은 아버지인 의친왕 이강의 마음에 쏙 들었습니다. 덕분에 아버지는 장남인 이건 대신 차남인 이우를 더욱 총애했습니다.

일본에 대한 이우의 반항은 바로 결혼 이야기가 나왔을 때 절정을 보여주었습니다. 앞서 얘기한 대로 이왕가의 구성원들은 모두 일본인과 혼인했습니다. 이런 과정을 통해서 이왕가의 정통성에 흠집을 내려고 한 것이지요. 이우의 배우자 역시 야나기사와 야스쯔구 백작의 딸로 일찌감치 정해졌습니다. 야나기사와 야스쯔구 백작은 이우의 배다른 형인 이건의 장인 마쓰다이라 유타카와 동서지간이었습니다. 아울러 숙부인 영친왕 이은의 장인과도 동서지간이었습니다. 사촌과도 혼인이 가능한 일본에서는 딱히 낯선 풍경은 아니었고요. 하지만 이우의 눈에는 좋게 보이지 않았습니다. 더군다나 이우가 결혼 적령기에 이르면 당사자의 의사와는 상관없이 궁내청과 이왕직에서 혼인을 밀어붙일 것이 뻔했습니다. 왕족들의 혼인은 원칙적으로 일왕의 승인을 받아야만 했고, 그 승인을 얻는 기관이 바로 궁내청이었으니까요.

이우는 일본의 이런 흉계를 간파하고 어떻게든 조선 여인과 혼인하기로 마음먹습니다. 아버지인 의친왕 이강도 이우가 일본인과 혼인하는 것을 반기지 않았습니다. 아들 이우의 뜻을 알게 된 의친왕 이강은 측근인 박영효와 이 문제를 상의합니다. 이 당시 박영효는 중추원 의장이자 후작 작위를 가진 거물이었습니다. 의친왕 이강으로부터 아들 이우의 혼사 문제에 대한 얘기를 들은 박영효는 깊은 고민에 빠집니다. 멀리 갈 것도 없이 영친왕 이은과 약혼을 했다가 파혼당한 민갑완의 집안이 어떻게 되었는지 똑똑히 봤으니까요. 하지만 박영효의 입장에서도 왕실과 혼인을 맺을 수 있는 절호의 기회였기에 혼사를 밀어붙이기로 합니다.

이우의 부인으로 낙점된 여성은 박영효의 손녀딸 박찬주였습니다. 의친왕 이강과 박영효는 절친한 사이였기에 혼사는 급속히 진행되었습니다. 1914년에 태어난 박찬주는 경성여자고등보통학교에 다니고 있었지요. 일본 육군사관학교에 다니던 이우는 방학 때 조선으로 건너와 만남을 가졌습니다. 두 사람의 만남은 1932년 경성여자고등보통학교를 졸업한 박찬주가 학습원이 있는 도쿄로 오면서 더 빈번해집니다. 1933년 12월 13일 자 〈동아일보〉에 두 사람이 혼인을 하기로 했다는 기사가 짤막하게 나옵니다. 같은 날 〈매일신보〉에도 비슷한 내용의 기사가 실립니다. 기사 내용은 짧았지만 파장은 어마어마했습니다. 가장 강력하게 반발했던 자는 이왕가의 사무를 총괄했던 이왕직장관 한창수였습니다. 덕혜옹주와 소 다케유키 백작의 혼인을 주도하기도 했던 그는 이우에게서 박찬주와 혼인을 하겠다는 얘기를 듣고는 강력하게 반발합니다.

"이우 공 전하. 박찬주 양과의 혼인은 궁내성에서 허락하지 않을 게 분명합니다. 취소하시고 일본 왕족과 혼인을 맺도록 하십시오."

"싫소! 나는 조선인이니, 조선 여인과 혼인할 것이오."

"정 그러시다면 저는 자리에서 물러나겠습니다."

"이번 혼인에 관한 모든 책임은 내가 질 것이오. 아울러 필요하다면 작위를 포기하는 것도 개의치 않겠소."

이왕직장관 한창수는 박찬주가 첩의 딸이고, 박영효와 이준용 집안 간의 오랜 원한 관계까지 들먹이면서 강력하게 반발합니다. 이왕직장관의 반대에 부딪치면서 두 사람의 혼인은 좌초될 위기에 처합니다. 하지만 구원투수로 박영효가 등판합니다. 갑신정변이 실패하면서 일본으로 망명했던 박영효는 오랫동안 일본에 머물면서 두루 인맥을 쌓아두었습니다. 일단 혼인 계획을 취소시킨 박영효는 일본으로 건너갑니다. 그리고 궁내성 관계자들은 물론 다른 귀족들까지 만나서 두 사람의 혼인을 성사시키도록 교섭을 벌입니다. 박영효의 약발이 먹히면서 두 사람은 마침내 혼인에 성공합니다.

두 사람의 혼인이 궁내성의 허가를 받은 것은 1934년 7월 2일입니다. 당시 궁내성 문서에는 "이우 공 전하의 혼인 대상자로 박영효 후작의 손녀 박찬주를 천거한다"고 나와있습니다. 같은 달 13일에는 이우 또한 이왕직장관을 통해 궁내성장관에게 박찬주와의 혼인을 승인해달라고 요청하는 문서를 보냅니다. 두 사람의 결혼은 그해 연말 육군사관학교를 졸업한 이우가 포병학교에 들어가면서 지체됩니다. 1935년 4월 17일 궁내성은 마침내 이우와 박찬주의 혼인을 최종적으로 승인합니다. 이방자는 자신의 회고록에서 이 일을 언급하면서 '사랑의 승리'라고 얘기합니다. 정략결혼이 대세였던 시기에 몇 년간 자신의 뜻을 굽히지 않았던 이우의 모습은 주변 사람들에게 깊은 인상을 심어주었습니다. 일본에 순종적이던 영친왕 이은조차 이우의 혼담을 취소시켜달라던 궁내성 관리에게 명백하게 거절 의사를 표할 정도였지요.

"조카의 일을 내가 어찌 마음대로 할 수 있겠는가."

1935년 5월 3일, 이우와 박찬주는 도쿄 별저에서 혼인식을 치릅니다. 이우는 아내 박찬주와의 사이에서 이청과 이종 두 아들을 낳습니다. 같은 해에 육군사관학교를 졸업한 이우는 도쿄에 주둔한 부대에서 복무하게 됩니다.

영친왕 이은의 사례에서 볼 수 있듯이 왕족들은 군인으로 복무하되 위험한 전장으로는 보내지 않는다는 원칙이 세워져있었습니다. 하지만 중일전쟁이 터지면서 이우도 전쟁터로 내몰립니다. 소속된 연대와 함께 전쟁터가 된 만주로 갔다가 다음 해에 일본으로 돌아와서 육군대학에 입학합니다. 육군대학 졸업 후에는 조선주둔군에 발령받아서 가족과 함께 조국으로 돌아옵니다.

전쟁이 치열해지면서 군인이 된 왕족들도 전쟁터로 나가야만 했습니다. 이우도 1944년 중국 산시 성의 타이위안에 있는 제1군 총사령부로 발령받습니다. 숙부인 영친왕 이은과 배다른 형인 이건도 군인 신분으로 중국 땅에 머물고 있었고요.

일각에서는 이우가 타이위안에 머물던 시절 항일유격대인 조선의용군과 접촉하여 도움을 주었다는 주장이 제기되고 있습니다. 하지만 명확한 증거가 나오지 않았고, 이우가 타이위안에 있던 1944년에 조선의용군은 이미 다른 지역으로 이동한 상태였습니다. 따라서 타이위안에 있던 시절에 조선의용군과 접촉했다는 것은 사실이 아닐 가능성이 높습니다.

이우와 독립운동가들을 연결시키는 또 하나의 흥미로운 주장이 있습니다. 바로 이우가 독립운동가인 유동열의 딸 유정순과 비밀리에 혼인했고, 아들도 얻었다는 내용입니다. 하지만 이 주장을 뒷받침하는 명확한 근거가 없습니다. 비슷한 내용으로 의친왕 이강의 망명 시도 전에 먼저 상하이로 망명했던 김가진의 며느리 정정화가 자신의 회고록에서 언급한 게 있습니다. 김가진의 딸 김영원이 이우와 약혼했다가 이강의 망명이 실패한 뒤 파혼을 당했다는 내용입니다.

이 주장의 내용은 영친왕 이은의 약혼녀였다가 파혼을 당하고 중국으로 건너가서 독립운동을 했던 민갑완의 사례와 비슷합니다. 김가진이 상하이로 망명하기 전에 의친왕 이강과 가깝게 지냈고, 덕혜옹주와 김장한의 사례처럼 어린 나이에 약혼했을 수도 있으니 조금이나마 신빙성도 있습니다. 하지만 이우가 여섯 살 때 이준용의 양자가 되었으니, 이 이야기는 사실이 아닐 가능성도 있지요.

아무튼 1945년 6월 중좌*로 진급한 이우는 일본으로 귀환하라는 명령을 받습니다. 일본이 미국과 벌인 태평양전쟁이 일본에 크게 불리한 쪽으로 기울었기 때문이지요.

이로부터 약 4년 전인 1941년 12월 7일 일본의 연합함대가 하와이의 진주만에 주둔하던 미국 태평양함대를 기습합니다. 기습은 완벽하게 성공했고, 일본은 동남아시아와 태평양 일대로 세력을 확장합니다. 미군이 주둔하던 필리핀과, 영국 식민지였던 홍콩과 싱가포르를 차례차례 점령합니다. 일본군의 이런 기세는 1942년 6월 미드웨이 전투를 기점으로 한풀 꺾입니

---

* 국군의 중령과 동급이다.

다. 미군 급강하폭격기들의 기습에 연합함대의 주력인 대형 항공모함 4척이 가라앉았으니까요. 이후 남서태평양의 과달카날 섬에서 벌어진 전투에서도 패하자 일본군은 미군의 본격적인 반격에 직면합니다.

1944년에는 야심차게 추진한 인도 침공 계획인 '임팔 작전'이 대실패로 끝났고, 미군이 필리핀을 탈환하기 위해 벌인 레이테 만 해전에서는 연합함대의 주력 전함인 무사시를 비롯한 대형 함정들과 항공기들을 상당수 잃었지요. 이때를 기점으로 일본은 본토마저 위협받게 됩니다. 서태평양의 사이판 섬을 시작으로 일본 본토 최남단의 이오지마와 오키나와마저 연거푸 빼앗겼고요. 이제 일본은 B-29 같은 초대형 폭격기들의 공습에 시달려야만 했습니다. 아울러 항구에는 기뢰가 투하됨으로써 배들이 원자재와 식량을 운반할 수 없게 되었고요.

궁지에 몰린 일본은 나이 어린 신참 조종사들에게 비행기로 적의 함선에 자폭하라는 명령까지 내립니다. 이른바 '가미카제 공격'이었지요. 하지만 이조차 기울어진 전황을 돌리기에는 역부족이었습니다. 일본은 조만간 벌어지리라 예상되던 미군의 일본 본토 공격에 대비하면서 병력과 물자를 집결시킵니다. 그래서 만주와 중국에 있던 병력들이 속속 귀환하는 와중에 이우에게도 본국으로 돌아오라는 명령이 떨어진 것이지요.

이우는 본능적으로 전쟁이 막바지에 이르렀음을 눈치챘습니다. 그래서 조선주둔군에 남고자 손을 씁니다. 하지만 일본은 조선의 왕족을 경성에 남겨둘 생각이 전혀 없었습니다. 더군다나 일본도 내심 이우가 반항적이라는 사실을 알고 있었기에 어떻게든 본토에 두려고 했습니다.

이방자의 회고에 의하면 당시 도쿄는 미군의 폭격이 극심해서 거리에 시체가 넘쳐났다고 합니다. 특히 1945년 3월 10일의 도쿄 대공습은 무려 10만 명의 사상자를 남겼습니다. 물론 이전에도 도쿄에 대한 미군의 공습은 종종 있었지만, 주로 군수공장 같은 군사적 목표에만 이루어졌습니다. 반면 3월 10일의 도쿄 대공습은 민간인 거주 구역을 목표로 했습니다. 이때 사이판 섬과 티니안 섬에서 출격한 B-29 폭격기는 무려 344기에 달했습니다. 투하된 폭탄도 무려 2,400톤에 달했으며, 그중 대부분은 하늘에서 쏟아지는 불벼락과 다름없는 소이탄이었습니다. 목조 가옥이 많았던 일본의 특성이 고려된 폭격이었지요. B-29에서 투하된 100만 발의 소이탄은 도쿄를 글자그대로 지옥으로 만들어버렸습니다. 폭격이 끝난 도쿄에 남은 것은 숯덩이가 된 시신들과 폐허가 된 거리뿐이었습니다. 25만채의 집이 사라졌고, 100만 명 이상의 피난민이 발생했습니다.

소이탄의 효과를 확인한 미군은 나고야와 고베 같은 일본의 다른 대도시들도 같은 방식으로 공습합니다. 특히 도쿄 대공습 사흘 후에 벌어진 오사카 대공습은 도요토미 히데요시가 임진 왜란을 준비하면서 만들었던 오사카 성을 파괴했습니다. 미군의 연이은 본토 공습은 그동안 전쟁을 남의 일처럼 여기던 일본인들을 공포로 몰아넣었지요. 생존자들은 앞다투어 대도시를 빠져나와 시골로 피난을 떠났고, 패전할지도 모른다는 소문이 은밀히 떠돌았습니다.

도쿄 대공습을 비롯한 미군의 공습은 원자폭탄의 투하만큼 깊은 인상을 남기지는 못했습니다. 하지만 일본을 증오하던 이우에게는 전쟁이 끝나가는 징조로 받아들여졌지요. 더군다나 일반인들은 해외 라디오 방송 청취가 불가능했기에 전황을 알 수 없었습니다. 경성방송국의 조선인 기술자들 몇 명이 몰래 단파라디오를 조립해서 미국 방송을 청취하다가 발각되면서 대대적인 검거 열풍이 불기도 했고요. 하지만 장교였던 이우는 전황에 대한 정보를 상대적으로 많이 얻을 수 있었습니다. 그래서 일본이 막바지에 몰렸음을 어렵지 않게 알 수 있었지요.

안타까운 최후

이우는 조선에 남기 위해 온갖 수단을 썼습니다. 조선주둔군으로의 발령이나 전역을 허락받지 못하자 꾀병을 앓았고, 그것도 여의치 않자 아들 이청에게 설사약을 먹이고는 병이 났다는 핑계를 대기도 했습니다. 다만 설사약을 먹였다는 것은 아들 이청이 자신의 회고록에서 사실이 아니라고 직접 밝혔습니다. 이청은 당시 설사로 고생하기는 했지만 약 때문이 아니라 아버지와 헤어진다는 슬픔 때문이었다고 말했습니다.

　이렇게 시간을 질질 끌면서 경성에 남아있던 이우는 언론인들과 지식인들을 만나 조선의 미래에 대해서 얘기를 나눴습니다. 그중 한 명이 바로 광복 후에 도쿄의 정신병원에 입원해있던 덕혜옹주를 만난 언론인 김을한이었지요. 김을한과 이우의 만남을 주선한 이는 조선총독부의 농림국에서 일하던 윤원선으로, 그는 이우의 양아버지 이준용의 딸과 혼인해서 이우와는 처남 매부 지간이었습니다. 김을한과 많은 얘기를 나누면서 이우는 조선인들의 심경을 파악했습니다. 이우가 경성의 운현궁에 머물고 있을 때 오키나와가 미군에 함락됩니다. 신문을 통해 이 사실을 접한 이우는 빙그레 웃었다고 아들 이청은 기억합니다.

이우는 일본의 패망이 눈앞에 다가왔다고 확신했지만, 결국 1945년 7월 16일에 일본으로 가야만 했습니다. 도쿄에서 미군의 공습 때문에 고통을 받고 있던 영친왕 이은과 이방자 부부에게 이우의 귀환은 반갑기만 했습니다. 영친왕 이은의 저택으로 찾아온 이우는 두 사람에게 다음과 같이 말했습니다.

"도쿄에 공습은 계속되겠지만 전쟁은 곧 끝날 겁니다. 숙부님과 숙모님께서는 부디 몸조심하십시오. 저는 히로시마에서 근무하게 될 것 같습니다."

일본으로 돌아온 이은이 발령받은 곳은 본토 결전을 위해 편성된 부대 중 하나였던 히로시마의 제2 총군 참모본부였습니다. 1945년 8월 6일, 여느 때와 같이 말을 타고 사령부로 향하던 이우는 하늘 위에서 번쩍이는 빛을 보았습니다. 이우를 비롯해서 일본의 어느 누구도 예상하지 못했던 미국의 신형 무기, 바로 원자폭탄이었습니다.

'맨해튼 계획'이라고 명명된 미국의 원자폭탄 개발 계획은 1939년부터 시작됩니다. 나치 독일이 원자폭탄을 개발한다는 점을 우려한 앨버트 아인슈타인이 프랭클린 루즈벨트 대통령에게 이에 대해 편지를 썼지요. 그러면서 미국도 얼른 개발에 나서야 한다고 촉구합니다. 이렇게 시작된 맨해튼 계획에는 엔리코 페르미와 존 오펜하이머 등 당대 최고의 과학자들과 막대한 연구비가 투입되었습니다. 오랜 연구 끝에 1945년 7월, 마침내 원자폭탄 개발이 완료됩니다. 급사한 루즈벨트 대신 대통령직에 오른 해리 트루먼은 엄청난 수의 희생자가 발생할 것이라는 일본 본토 상륙 작전 대신 원자폭탄 사용을 승인합니다. 일본의 무조건 항복을 촉구하는 연합국의 포츠담 선언을 일본의 권력자들이 거부하자 계획은 실행에 옮겨집니다.

첫 번째 목표는 히로시마였지요. 제2 총군 사령부가 있고, 군수물자를 생산하는 도시였으니까요. 폴 티베츠 대령이 조종하는 B-29 폭격기가 히로시마 상공에 원자폭탄을 투하한 시각은 아침 8시가 조금 넘었을 때였습니다. '리틀보이', 즉 암호명인 '어린아이'로 불렸던 바로 이 원자폭탄은 바람 때문에 원래 목표지점에서 좀 떨어진 히로시마 외과병원의 580미터 상공에서 폭발했습니다. TNT 13킬로톤에 해당하는 위력을 가진 리틀보이는 히로시마 전체를 쑥대밭으로 만들어버렸습니다. 약 7만 명이 폭발의 여파로 사망했고, 비슷한 숫자가 부상을 입었습니다. 대부분의 부상자들이 숨을 거두면서 사망자의 숫자는 더욱 더 늘어났습니다.

이우는 말을 타고 히로시마 시내를 가로질러 가던 중이었습니다. 원자폭탄이 터지던 곳에서 불과 700미터 정도 떨어져있던 후쿠야 백화점 근처에서 피폭을 당했다고 합니다. 당시 히로시마에는 이우 말고도 적지 않은 조선인들이 있었지요. 이들 역시 희생자가 되고 말았습니다.

　이우를 모시던 부관 요시나리 히로시 중좌는 차를 타고 먼저 사령부로 출근한 상태였습니다. 원자폭탄이 떨어지고 이우가 나타나지 않자 황급히 수색대를 조직해서 행방을 찾아 나섰지요. 이우의 행방이 확인된 것은 오후 늦게였습니다. 구조된 이우는 해군병원으로 옮겨졌습니다. 피폭과 구조까지의 과정은 요코타 모토코의 논문 〈일본 자료로 보는 이우 공 전하의 생애〉에 자세하게 나와있습니다. 이우를 발견한 이는 육군 선박 사령부 소속의 다케나카라는 군속(군무원)이었습니다. 육군 선박 사령부는 폭심지에서 3킬로미터 정도 떨어진 곳에 있었기에 상대적으로 피해가 적었습니다. 따라서 피폭 직후부터 구조 활동에 나설 수 있었습니다. 다케나카는 자신의 집이 무사한지 살펴보려고 혼가와 지구의 아이오아이 다리를 지나고 있었습니다. 다리 근처에 웅크리고 앉아있던 이우는 지나가던 다케나카에게 말을 겁니다.

　"자네는 군인인가, 아닌가?"

"일반 시민입니다. 집이 괜찮은지 살펴보러 가는 중입니다."

"자네는 멀쩡하군. 난 오늘 아침에 당했어. 내 이름은 이우라고 하네. 헌병대에 연락해주겠나?"

발견 당시 이우는 얼굴과 가슴에 심한 화상을 입었고, 손도 심하게 다친 상태였다고 합니다. 군복 윗도리도 모두 불에 타버린 데다, 피폭 당시의 충격인지 힘이 없어 보였지요. 다케나카는 얼른 이우를 업고 혼카와 소학교 근처에 있는 방공호로 피신시킵니다. 그리고 몇 시간 후 파출소 순사의 도움으로 응급치료를 한 뒤, 오후 4시 반경에 근처를 지나가던 군인에게 이우의 신분을 밝히고 도움을 요청합니다. 연락을 받은 선박 사령부에서도 배를 보냈고요. 그렇게 해서 이우는 피폭된 지 8시간 만에 구조될 수 있었습니다. 한편, 이우와 함께 말을 타고 가던 호위헌병 중 한 명의 시체가 다음 날 발견됩니다.

병원에서 정신을 회복한 이우는 상태가 괜찮아 보였습니다. 하지만 자정이 넘으면서 급속도로 악화되었고, 결국 다음 날 새벽 5시경에 세상을 떠납니다. 너무나 안타까운 죽음이었고, 회복세를 보이던 와중에 갑작스럽게 사망했기에 일본에 의해 독살 당했다는 주장도 제기되었습니다. 이우의 장남 이청의 회고록에도 그런 내용이 나옵니다. 이청은 원자폭탄에 피폭된 이우가 별다른 상처 없이 살아남자 일본 정부가 두려움을 느끼고 암살했다고 주장합니다. 그리고 그 증거로 멀쩡하던 아버지의 상태가 갑자기 악화되었다는 점과, 조선으로 운구된 이우의 얼굴이 부패했다는 점을 꼽았습니다. 하지만 원자폭탄에 피폭된 부상자의 상태가 갑자기 악화되어 사망한 사례는 적지 않았기에 암살설은 여러모로 무리가 있습니다.

확실한 것은 이우의 죽음이 그만큼 안타까움을 샀다는 점입니다. 만약 경성에 남아서 광복을 맞이했다면 여러모로 큰 역할을 했을 가능성이 높습니다. 일례로 패전이 확실시되자 조선총독부는 명망 높던 독립운동가이자 언론인이던 여운형에게 치안 확보를 요청합니다. 여운형은 몇 가지 조건을 내걸고 승낙한 뒤 건국준비위원회를 발족합니다. 하지만 조선에 주둔 중인 일본군의 반발과, 송진우를 중심으로 한 우익 세력과의 갈등으로 해방 정국은 혼란에 빠집니다.

만약 이우가 살아있었다면 조선총독부는 그에게 협조를 구했을 수도 있습니다. 이우가 전면에 나섰다면 해방 후 좌우익의 갈등은 생각보다 약해졌을 수도 있고요. 무엇보다도 조선총독부가 조선을 분열시키기 위해 미군을 상대로 실행한 여러 음모들을 막았을 수도 있습니다. 그리고 갈팡질팡하는 행보를 보이면서 많은 사람들을 실망시킨 영친왕 이은이나 아예 이름까지 바꾸고 일본인이 되어버린 배다른 형 이건을 대신해서 왕실을 존속시켰을지도 모릅니다.

해방 이후 살아남은 이왕가 사람들이 보인 추태 때문에 눈살이 찌푸려질수록, 일본의 패전과 한민족의 해방 직전 저렇게 세상을 떠난 이우 왕자에 대한 안타까움은 더욱 깊어졌지요.

조국으로

원자폭탄에 희생된 이우의 시신은 사망한 다음 날인 8월 8일 비행기에 실려 조선으로 돌아옵니다. 군의관에 의해 방부 처리된 상태로 관에 들어갔는데, 이 과정이 마무리되는 것을 지켜본 부관 요시나리 히로시 중좌는 상관을 모시지 못한 책임을 지고 병원 뜰에서 스스로 목숨을 끊습니다.

비행기에 실려서 조선으로 돌아온 이우의 시신은 운현궁에 모셔집니다. 대좌로 추서된 이우의 장례식은 아이러니하게도 8월 15일에 열립니다. 조선주둔군 사령부에서 주관하는 육군장(陸軍葬)은 지금은 없어진 동대문운동장의 전신인 경성운동장에서 개최됩니다.

장례식이 치러지는 경성운동장 곁으로 광복의 기쁨을 만끽한 사람들이 "만세!"를 목청껏 외치는 풍경은 이우의 유족들을 더욱 슬픔에 빠뜨렸습니다. 무덤은 경기도 남양주시 화도읍에 있는 흥선대원군의 무덤 곁에 만들어집니다.

이우의 죽음을 더욱 안타깝게 만든 것은 일본의 야스쿠니 신사에서 그를 멋대로 봉안했다는 점입니다. 생전에 지긋지긋하게 싫어했던 일본의 '신'으로 모셔졌다는 사실을 안다면 이우는 저승에서도 화를 냈을 겁니다.

그렇게 광복이 되었지만 이왕가 사람들에게는 더 없이 싸늘

한 시절이 시작되었습니다. 마치 온실 속의 화초처럼 보호를 받으면서 지내던 그들에게 광복 후의 세상은 낯설고 새로웠지요. 설상가상으로 대한민국 정부가 수립되면서 이왕가의 재산은 모두 국고로 귀속됩니다. 그러면서 이왕가의 불행이 시작됩니다. 평생 돈을 벌거나 직업을 가져본 적이 없던 이왕가 사람들은 갑작스럽게 빈털터리가 되면서 어렵게 살게 됩니다.

불행 중 다행히 이우의 부인이던 박찬주가 "운현궁은 왕실의 재산이 아니라, 흥선대원군의 개인 재산입니다"라고 강력하게 부각시키면서 국고로 귀속되는 것을 막을 수 있었습니다. 이후 박찬주는 두 아들 이청과 이종을 키우면서 남편이 생전에 후원했던 중앙여자고등학교의 이사장에 취임하는 등 교육계에 종사합니다.

박찬주는 1960년대 일본에 남아있던 이왕가 사람들의 귀환 문제가 제기되었을 때 일종의 대표 역할을 맡습니다. 대한민국에 남아있는 이왕가 인물들 중에 그나마 활동할 수 있었으니까요. 특히 이왕가의 귀환을 반기지 않았던 이승만이 부정선거로 하야하자 귀환 문제가 급물살을 타게 됩니다.

1961년 1월 26일에 귀국하는 덕혜옹주를 모시러 갔던 이들도 박찬주와 차남인 이종이었습니다. 1992년, 운현궁을 서울시에 매각한 박찬주는 새로 마련한 저택에서 말년을 보내다가 1995년 세상을 떠나면서 남편 곁에 묻혔습니다.

제 4 장

민
갑
완

민
갑
완

비운의 여인

여기 우리가 기억해야 할 또 한 명의 여인이 있습니다. 바로 영친왕 이은의 첫 번째 부인으로 간택되었던 민영돈의 딸 민갑완입니다.

　우리는 흔히 역사를 거대한 소용돌이나 수레바퀴에 비유하지요. 역사가 한 사람의 운명쯤은 거뜬히 집어삼켜버리는 힘을 지니고 있다는 뜻입니다. 옆에서 지켜보는 사람들은 모르겠지만, 당사자는 그 때문에 단 한 번 밖에 없는 삶을 희생당하거나 심지어 포기해야만 하는 경우마저 발생합니다. 특히 격동기와

전환기의 역사는 민갑완 같은 뜻하지 않는 희생자를 만들기도 합니다.

민갑완은 영친왕 이은과의 약속을 지키는 데 평생을 바쳐야만 했습니다. 그녀의 삶이야말로 명분과 의리를 위한 것이었다고 해도 과언이 아닙니다.

민갑완은 1897년 10월 20일, 중전 민씨의 일족인 민영돈의 딸로 태어납니다. 1962년, 민갑완은 자서전 《백 년 한》에 아버지가 원래 충청도 용정에서 민건호의 장남으로 태어났다고 썼습니다. 그런데 십대 초반 한양에서 내려온 큰아버지 민태호의 양자로 입적되었다고 밝혔습니다. 원래 집안의 대가 끊길 경우 친척의 자식을 양자로 들이는 경우가 많았으니까요. 하지만 보통은 막내아들을 데리고 갑니다만, 큰아버지는 장남인 민영돈의 관상이 좋다면서 양자로 데리고 간 겁니다.

이와 비슷한 사례는 김옥균에게서도 찾아볼 수 있었습니다. 충청도 공주에서 김병태의 장남으로 태어난 김옥균은 일곱 살 때 당숙인 김병기의 양자로 들어갑니다. 이때도 김병태가 김옥균이 똑똑하다는 얘기를 듣고 데려갔던 겁니다. 관상이 좋은 장남을 데려가겠다는 민태호의 결정은 민영돈의 인생을 송두리째 바꿔버립니다. 큰아버지의 손에 이끌려 한양에 올라온 민영돈은 1886년 과거에 급제해서 관직에 오릅니다. 이후 성균관대사성, 동래부윤 같은 관직을 역임합니다.

민영돈은 고종의 부인이었던 중전 민씨의 일족이었던 탓에 큰 문제없이 관직 생활을 이어나갈 수 있었습니다. 1895년 중전 민씨가 일본 낭인의 손에 목숨을 잃는 을미사변이 터지지만, 이후에도 관직을 유지할 수 있었습니다. 특명전권공사가 되어 외교관으로 활동하기도 했지요. 궁내부특진관으로서 고종을 곁에서 보필하기도 했습니다. 민갑완은 그런 아버지 밑에서 부유하고 편안하게 자랄 수 있었습니다.

운명의 소용돌이

민갑완의 운명은 영친왕 이은의 부인으로 간택되면서 뒤집혔습니다.

1897년에 태어난 영친왕 이은은 어머니 엄 귀인의 사랑을 받으면서 자라났습니다. 중전 민씨의 질투를 받고 궁 밖으로 쫓겨났다가 돌아온 엄 귀인은 고종의 총애를 받고 있었고요. 하지만 왕후의 자리를 차지하려면, 그리고 그 자리를 공고하게 하려면 반드시 후계자가 필요했습니다. 물론 고종의 후계자로 중전 민씨가 낳은 아들인 순종이 있었습니다. 하지만 순종은 황태자 시절이던 1898년, 아편이 든 커피를 마시고야 말았습니다.

　　원래는 커피를 좋아하던 고종을 노리던 음모였지요. 하지만 커피를 여러 번 마셨던 고종은 맛이 이상하자 그대로 뱉어버리면서 위기를 넘겼습니다. 반면 커피맛을 제대로 모르던 순종은 그 아편커피를 삼켜버리고 말았습니다. 이 일로 인해 순종은 치아가 크게 상했습니다. 심지어 순종의 생식 능력이 사라져 후사를 얻을 수 없게 되었다는 얘기가 퍼지기도 했습니다. 하지만 당시 순종의 나이가 20대 초반이었음을 감안하면 낭설이라고 봐야 할 거 같습니다.

　　커피에 아편을 탄 사건의 배후는 김홍륙이었습니다. 함경도 출신이던 그는 러시아를 넘나들면서 장사를 할 때 러시아어를 익혔습니다. 당시 조선은 러시아와 교역을 비롯해서 각종 경제적·정치적 교류를 하던 와중이었기에 통역사가 필요했지요. 러시아어를 할 줄 알았던 김홍륙은 친러파인 이범진에게 발탁되면서 정계에 진출합니다. 이후 이범진을 비롯한 친러파와 손을 잡고 을미사변 이후 경복궁에 유폐된 고종을 구출하려던 춘생문 사건에까지 깊숙이 관여합니다. 다음 해인 1896년, 고종이 엄 귀인의 도움으로 경복궁을 탈출해서 러시아 공사관으로 탈출한 아관파천 이후에는 제 세상을 만난 듯 활개 칩니다.

김홍륙은 당시 조선에서는 찾기 힘든 '러시아어를 할 줄 아는 사람'이었기에 출신 성분에 상관없이 출세할 수 있었지요. 하지만 벼락출세한 김홍륙은 권세를 믿고 행패를 부리면서 뇌물을 챙겼습니다. 그 일로 고종의 눈 밖에 나 관직에서 쫓겨나고 멀리 흑산도로 유배를 떠나게 됩니다. 하루아침에 찾아온 몰락에 분노한 김홍륙은 고종을 없애기로 마음먹습니다. 그래서 유배지인 흑산도로 떠나기 전에 궁궐의 주방에서 일하던 김종화라는 자를 꾀어서 고종이 마시는 커피에 대량의 아편을 넣도록 지시했던 겁니다. 음모가 발각되자 흑산도에 유배를 갔던 김홍륙은 끌려와서 관련자들과 함께 처형당합니다. '김홍륙 독 다 사건'은 구한말 정치가 얼마나 혼란스러웠는가를 단적으로 보여주는 사례입니다.

영친왕 이은의 삶은 이런 혼란 속에서 이어집니다. 1900년, 이제 막 걸음마를 뗀 이은은 영친왕으로 책봉됩니다. 아들이 영친왕으로 책봉되면서 어머니 엄씨도 '귀인'이라는 칭호를 받게 됩니다. 순종에게는 후계자가 없었기에 다음 왕위 계승 자는 고종이 후궁에게서 낳은 아들 중에서 한 명이 이어야만 했습니다.

영친왕 이은의 위로 20살이나 많은 배다른 형인 의친왕 이 강이 있었습니다. 하지만 두 사람의 운명을 가른 것은 바로 어 머니였습니다. 의친왕 이강의 어머니가 별다른 정치력을 발휘 하지 못했던 반면, 영친왕 이은의 어머니인 엄 귀인은 아관파 천을 주도하는 등 고종의 곁에서 결정적 역할을 했습니다. 어 머니의 맹활약 덕분에 영친왕 이은은 강력한 경쟁자인 의친왕 이강을 제치고 순종의 후계자 자리를 꿰찰 수 있었습니다.

영친왕 이은과 엄 귀인은 다른 왕실 사람들에게서 견제를 받습니다. 한참 어린 동생에게 밀린 의친왕 이강은 물론, 고종의 조카인 이준용도 두 모자를 탐탁지 않게 여겼지요. 하지만 이들의 반대에도 불구하고 영친왕 이은은 어머니의 보호하에서 순조롭게 왕위 계승권자의 자리를 지켜나갑니다.

1907년 헤이그 밀사 사건으로 인해서 이토 히로부미의 협박을 받은 고종이 강제로 퇴위했습니다. 황제의 자리에서 물러난 고종의 뒤를 이은 이가 순종이었습니다. 그리고 순종의 후계자인 황태자로 낙점된 이가 영친왕 이은이었습니다. 그 일을 가장 기뻐했던 사람이 오랜 기간 이날만을 기다려왔던 어머니 엄 귀인이었을 겁니다. 중전 민씨의 핍박에 더해 온갖 방해를 무릅쓰고 아들을 마침내 황태자의 자리에 앉혔으니 그 기쁨은 이루 말할 수 없었을 겁니다.

하지만 기쁨은 잠시 뿐이었습니다. 순종의 후계자가 된 영친왕 이은은 곧 일본에 끌려갑니다. 청나라와 러시아라는 경쟁자를 물리치고 조선을 독점하게 된 일본은 마지막 골칫거리였던 고종을 왕위에서 몰아냅니다. 또 다른 고종의 탄생을 막기 위해 일본은 차기 왕위 계승자에게 철저한 일본식 교육을 시키기로 합니다. 그래서 더 이상 왕실이 저항하지 못하도록 만들기로 한 것이지요. 타깃은 영친왕 이은이었습니다.

1907년 일본 왕세자 요시히토*가 조선을 방문합니다. 영친왕 이은은 순종과 함께 요시히토를 맞이했고, 각종 행사에 참석합니다. 요시히토가 돌아간 직후 영친왕 이은의 일본 유학이 결정됩니다. 《조선왕조실록》의 순종 즉위년인 1907년 11월 19일 자 기록을 보면 영친왕 이은의 유학에 관한 기록들이 나옵니다.

조령(詔令)을 내리기를,

"황태자에게 명하여 일본국에 유학하도록 하라."

하였다. 또 조령을 내리기를,

"옛날에 태자를 교육할 때는 반드시 효성스럽고 우애 있으며 박식하면서 학술이 있는 사람을 뽑아서 사(師)와 부

---

* 훗날의 다이쇼 일왕. 히로히토 일왕의 아버지이자 현 아키히토 일왕의 할아버지이다.

제국의 그림자, 덕혜옹주

㈜의 자리에 앉힌 다음에 덕성을 성취시켜 만방을 바로 잡았던 것이다. 짐은 세계의 대세와 나라의 영구한 계책을 깊이 생각하여 장차 문명한 교육을 황태자에게 실시하려고 하였는데, 사와 부의 책임을 맡길 사람을 얻기가 실로 어려웠다. 안팎으로 널리 찾았다가 이제 대훈위(大勳位) 통감공작 이토 히로부미를 특별히 선발하여 태자태사(太子太師)로 삼아서 보도(輔導)할 책임을 맡긴다. (후략)

《조선왕조실록》에는 영친왕 이은의 유학을 '선진 문명을 배우기 위해서'라고 적혀있습니다. 하지만 유학을 책임지는 태자태사가 초대 통감인 이토 히로부미였다는 점은 영친왕 이은이 유학생이 아니라 '인질'이었음을 명백하게 보여줍니다. 한술 더 떠서 친일매국노의 대표격인 이완용을 유학을 가는 영친왕 이은을 보살피는 태자소사로 임명합니다.

황태자가 외국으로 유학을 간다는 것은 당시 사람들에게는 매우 낯설게 비춰졌습니다. 구한말의 정세를 자세하게 남긴 《매천야록》의 저자 황현은 일본 왕세자의 방문이 영친왕 이은을 일본으로 끌고 가기 위한 흉계였다고 기록합니다.

가장 충격을 받은 이는 물론 영친왕 이은의 어머니인 엄 귀인이었습니다. 금지옥엽으로 키운 아들을 빼앗긴다는 마음이 든 엄 귀인은 강력하게 반발했습니다. 하지만 이미 일본의 힘은 엄 귀인이 막을 수 있는 수준이 아니었습니다. 하나 밖에 없는 아들을 빼앗길 위기에 처한 엄 귀인은 회심의 한 수를 꺼내 듭니다. 바로 아들의 혼인이었습니다.

사실 영친왕 이은의 혼인 문제는 1907년 초부터 나왔습니다. 엄 귀인 입장에서는 아들이 하루빨리 혼인해서 후사를 얻는 것을 보고 싶었겠지요. 하지만 을사늑약 체결 이후 이토 히로부미에게 반격할 기회만 노리고 있던 고종은 영친왕 이은의 혼사 문제에 큰 관심을 기울이지 않았습니다. 헤이그 밀사 사건으로 고종이 퇴위당하고 영친왕 이은이 유학을 명목으로 일본에 가게 되자 엄 귀인은 서둘러 혼인을 치르려고 합니다.

그녀가 아들인 영친왕 이은의 혼인을 서두른 이유는 대략 두 가지 때문이라고 추정됩니다. 하나는 혼인을 조선에서 치르게 되면 일본으로 가는 시간을 늦출 수 있다는 점입니다. 다른 하나는 엉뚱한 사람이 아들의 장인이 되는 것을 막기 위해서였습니다. 영친왕 이은의 공식적인 신분은 차기 왕위 계승자인 황태자였습니다. 그 얘기는 영친왕 이은의 장인은 추후에 임금의 장인이 된다는 뜻입니다.

조선 시대의 '외척'에 해당되는 이 자리는 엄청나게 영광스러운 자리이자 임금의 측근으로서 막대한 권력을 휘두를 수 있는 자리입니다. 엄 귀인은 그 자리를 혹시나 눈에 가시 같은 이완용 같은 자들이 차지할까 염려한 것이지요. 실제로 영친왕 이은과 이완용의 딸이 혼인한다는 기사가 신문에 실리기도 했습니다. 따라서 엄 귀인은 영친왕 이은에게 자신이 직접 고른 집안의 딸과 맺어주려고 했습니다. 그게 안 된다면 최소한 약혼이라도 한 상태에서 일본으로 보내기로 합니다. 그래야 다른 누군가가 아들과 불쑥 혼인을 해버리는 것을 막을 수 있다고 믿은 겁니다. 엄 귀인의 이런 결정이 민씨 집안의 여인이라는 이유로 평온한 삶을 살아가던 민갑완의 삶을 송두리째 뒤집은 것이지요.

재미있는 사실은 민갑완과 영친왕 이은이 같은 해, 같은 날에 태어났다는 겁니다. 그래서 이 둘이 천생연분이라고 여긴 이들도 있었지요. 민갑완은 어린 시절의 자신을 천상 말썽꾸러기였다고 회상합니다. 엄청 활달한 편이라 부모님의 사랑을 받았고, 엄청나게 큰 집에서 부유하게 지냈다고 덧붙입니다. 집에 스승을 두고 가르침을 받았을 정도니, 같은 시대 또래의 아이들보다 훨씬 좋은 환경에서 지낸 것은 분명해 보입니다.

어린 시절 그녀의 삶 중에서 황태자비로 간택된 것 외에 가장 크게 기억에 남는 것이 있었습니다. 바로 1905년 을사늑약의 체결에 항의해서 시종무관장 민영환이 스스로 목숨을 끊은 겁니다. 민갑완은 어수선한 집안 분위기로 이 사실을 짐작했다고 밝혔습니다. 나라가 이렇게 기울어가는 와중이었지만, 아직 어린 민갑완에게는 남의 얘기나 다름없었다는군요. 그녀는 뒤늦게 태어난 어린 남동생인 민천식을 돌보면서 세월을 보냈다고 합니다. 그런 그녀에게 1907년 초 영친왕 이은의 간택 단자가 왔습니다. 그리고 가마를 타고 궁궐로 갔지요.

경복궁으로 간 민갑완은 고종과 순종은 물론 초대 통감이던 이토 히로부미까지 봤다고 합니다. 그리고 동갑내기인 영친왕 이은도 만났다고 기억합니다. 민갑완은 영친왕 이은이 자기보다 키가 작은 점에 잠깐 실망했지만, 키가 작다고 인품에 문제가 있는 것은 아니라고 스스로를 달랬다고 합니다. 엄 귀인은 이런 민갑완의 모습을 대견스럽게 봤는지 며느리감으로 점찍었다고 합니다. 결국 수백 명의 후보자들 중에서 뽑힌 최종 후보자 세 명 중에 하나로 남게 됩니다.

하지만 1907년은 헤이그 밀사사건과 고종의 퇴위, 그리고 군대 해산 같은 굵직한 사건들이 연달아 터진 해였습니다. 연초에 진행될 예정이던 최종 간택은 계속 미뤄졌습니다. 그리고 가을 무렵, 영친왕 이은은 유학을 명목으로 일본으로 끌려갑니다. 며칠 후, 그녀의 집으로 궁궐에서 보낸 예물과 약혼반지가 도착합니다. 앞서 설명한 대로 아들인 영친왕 이은의 혼인을 기정사실화시키려고 한 엄 귀인의 의도가 담긴 것이었지요. 초조해하던 민갑완의 집안은 내심 안도의 한숨을 쉬었습니다. 이것이 훗날 커다란 비극이 될 줄은 꿈에도 몰랐으니까요.

그 후로 10년이라는 세월이 하염없이 지나갑니다. 그 사이

두 사람이 약혼을 하게 되기까지 결정적인 역할을 했던 엄 귀인은 일본 유학을 떠난 아들을 기다리다가 세상을 떠났습니다. 민갑완은 계속 태어나는 어린 동생들을 돌보면서 영친왕 이은을 기다립니다.

1917년, 드디어 영친왕 이은이 일본에서 돌아온다는 신문 기사를 접한 민갑완은 안도감과 불안감을 동시에 느낍니다. 그녀의 불길한 예감은 그대로 적중했지요. 일본은 영친왕 이은을 일본 귀족과 혼인시킬 계획을 가지고 있었으니까요. 철저하게 일본화시켜서 조선을 영원히 지배하고자 했던 겁니다. 일본의 그런 속내는 민갑완을 역사의 소용돌이에 빠트렸고요.

10년간 영친왕 이은을 이제나저제나 기다리던 민갑완에게 예물과 약혼반지를 돌려달라는 청천벽력 같은 요구가 들려옵니다. 궁궐에서 나온 상궁들에게서 그 얘기를 들은 민갑완의 아버지 민영돈은 충격에 빠집니다.

"돌려달라니? 세상에 이런 법이 어디 있답니까?"

"저희가 무얼 알겠습니까? 다만 전하의 뜻이 그러하십니다."

"전하의 뜻이라니? 내가 직접 뵙고 여쭤보겠네."

"고정하십시오. 사실은… 총독부에서 내려온 지시로 알고 있습니다."

"천부당만부당한 일이외다. 파혼을 하게 되면 내 딸은 어찌하란 말이오!"

민영돈은 화를 내면서 거부했지만, 상궁들은 매일 찾아와서 난리를 피웁니다.

민갑완은 이 소동이 순종이나 조선총독부의 지시가 아니라 이왕직장관 민병석과 총리대신을 지낸 이완용의 흉계라고 믿었습니다. 예물과 약혼반지를 돌려달라는 상궁들과, 그럴 수 없다는 민영돈 집안의 다툼은 며칠간 이어졌지요. 민갑완은 가시방석에 앉은 기분으로 하루하루를 보내야만 했습니다.

민갑완의 부모가 펄펄 뛰는 것도 무리가 아니었습니다. 최종 간택에 오른 여인이 다른 집안으로 시집을 가는 것은 당시 정서로는 불가능에 가까웠습니다. 더군다나 평생 따라다닐 '파혼을 당한 여인'이라는 손가락질을 견디는 것 역시 온전히 그녀의 몫이었습니다.

답답한 마음에 민갑완은 집안으로 쳐들어온 상궁들과 담판을 지으려고 했지만 실패했습니다. 결국 오랜 줄다리기에 지친 민갑완의 집안에서는 예물과 약혼반지를 돌려주고 맙니다.

망명을 떠나다

폭풍 같던 시기가 지나고 민갑완과 그녀의 집안은 한숨을 돌립니다. 하자만 곧 또 다른 곤경에 직면합니다. 혹시나 파혼을 한 민갑완이 혼인을 하지 않고 버티지나 않을까 염려한 일본인들이 그녀를 빨리 시집보내라고 압력을 가한 겁니다.

연달은 충격에 할머니가 쓰러져서 세상을 떠나고, 딸의 미래가 망가졌다며 낙담한 아버지 민영돈이 그 뒤를 따랐습니다.

초상을 연이어 치러야 했던 집안 분위기는 엉망이 되었지요. 안타깝다면서 한두 마디씩 던져대는 주변 사람들은 민갑완의 가슴을 더욱 아프게 했습니다.

그런 와중에 정체불명의 청혼자까지 나타납니다. 민갑완과 그녀의 집안에서는 이 청혼자의 배후에 누군가가 있다고 믿었지요. 결국 이런 일들을 피하기 위해 외국으로 떠나기로 합니다. 조선에 계속 남아있다가는 어떤 봉변을 당할지 모른다는 걱정이 들었으니까요.

다행히 아버지 민영돈이 외국에 사절로 나갈 때 동행했던 외삼촌 이기현이 외국으로 가는 길을 알아봐주었습니다. 목적지는 중국의 상하이였습니다. 하지만 3.1 만세 운동이 일어나고 상하이에 독립운동가들이 세운 임시정부가 들어선 뒤였습니다. 그래서 일본의 의심을 살 수 밖에 없었지요. 이기현은 "파혼으로 충격을 받은 조카딸을 해외 여행으로 진정시킨 다음, 돌아와서 반드시 혼인시키겠소!"라고 조선총독부 관리에게 약속함으로써 출국 허가를 받았습니다.

하지만 민갑완은 출국 직전 원인 모를 병에 걸립니다. 그 사이에 일본에서는 영친왕 이은이 일본이 정해준 나시모토노미야 마사코, 훗날 이방자라고 불린 귀족 집안의 여인과 혼인하게 됩니다. 겨우 몸을 추스른 민갑완은 남동생 민천식과 함께 우여곡절 끝에 인천에서 상하이로 가는 배를 탑니다. 중간에 일본 경찰이 나타나지만, 다행스럽게도 그들은 민갑완 일행이

상하이로 가는 것을 막지 않고 중간까지 배웅해주는 임무를 맡았던 겁니다. 그들의 보호 아닌 보호 속에서 무사히 상하이에 도착한 민갑완은 기다리던 외삼촌 이기현과 함께 상하이 생활을 시작합니다.

민갑완이 상하이에 도착하자 임시정부에서는 비상한 관심을 보입니다. 권력을 잃기는 했지만 조선 왕실이 가지는 상징성은 대단했으니까요. 그래서 비록 실패로 돌아가기는 했지만, 의친왕 이강을 상하이로 망명시키려고 시도하기도 했지요. 민갑완을 찾아온 사람은 상하이 임시정부를 대표하는 독립운동가 김규식이었습니다. 김규식은 민갑완의 안타까운 사정을 위로하고 독립운동에 투신할 것을 권유합니다. 하지만 조선에 남아있는 가족들을 걱정한 민갑완은 완곡하게 거절합니다. 그래도 조선의 독립에 관한 김규식의 얘기에 영향을 받은 민갑완은 신학문을 배워서 조국에 필요한 인재가 되기로 마음먹습니다.

상하이로 먼저 와서 영국 회사에 취직한 외삼촌 이기현의 주선으로 민갑완과 동생 민천식은 외국인 학교에 입학합니다. 그러면서 조금씩 중국어를 익힌 민갑완은 차츰 안정을 찾아갑니다. 평범하게 살기로 마음먹었던 상하이에서의 그녀의 삶은 다시 한 번 심하게 요동칩니다. 영친왕 이은과 이방자 부부의 유럽 여행 때문이었지요. 이토 히로부미의 손에 이끌려 일본으로 건너간 영친왕 이은은, 귀족들의 자제들만 다닐 수 있는 학습원을 거쳐서 일본 육군사관학교를 다니게 됩니다. 일본의 남성 왕족들은 모두 군인이 되어야만 한다는 규정 때문이었지요. 그래서 영친왕 이은도 원하지도 않은 일본 군인의 길을 걸어야만 했던 겁니다.

원래 혼인하기로 예정된 민갑완을 두고 이방자와 1920년에 혼인한 영친왕 이은은, 다음 해에 아들 이진을 얻습니다. 하지만 이진은 1922년에 갑작스럽게 사망합니다. 1927년, 영친왕 이은은 부인과 함께 세계 여행을 떠납니다. 그리고 중간 기착지로 상하이에 들릴 예정이었지요. 임시정부에서는 영친왕 이은이 상하이에 들릴 때 납치할 계획을 세웁니다. 그리고 그 계획의 일부로서 민갑완을 이용합니다. 영친왕 이은이 상하이에 도착하면 곧바로 납치한 후에 임시정부 요인들이 나서서 독립운동에 앞장서도록 설득할 계획이었던 것이지요. 이때 민갑완의 사진을 보여줄 생각이었던 겁니다. 민갑완의 불우한 사정은 영친왕 이은의 부인이 된 이방자도 알고 있을 정도로 잘 알려져 있었으니까요.

만약 임시정부의 계획이 성공했다면 민갑완은 영친왕 이은과 만날 수 있었을지도 모릅니다. 하지만 임시정부의 계획은 밀고자에 의해 발각되고 맙니다. 이방자의 회고에 의하면 임시정부의 계획을 눈치 챈 일본에서는 고등계 형사인 미와 경부를 파견하기까지 했습니다. 심지어 아예 상하이에 들리지 않고 곧바로 유럽으로 가도록 행선지를 바꿔버렸다고 합니다. 결국 임시 정부의 계획은 실패했고, 낙담한 외삼촌 이기현으로부터 이 사실을 전해들은 민갑완 역시 답답함을 감추지 못합니다.

영친왕 이은을 납치하려던 계획은 그나마 평온했던 민갑완의 삶에 또 다시 평지풍파를 일으킵니다. 일본 정부의 압력으로 민갑완 남매는 다니던 외국인 학교를 그만둬야만 했지요. 충격과 절망에 빠진 민갑완은 스스로 목숨을 끊으려고 합니다.

"이렇게 사는 바에야 차라리 죽는 게 더 편하겠어!"

하지만 민갑완은 이상한 낌새를 눈치 챈 남동생 민천식이 일찍 돌아오면서 뜻을 이루지 못합니다. 영국 조계지로 이사를 간 민갑완은 이때부터 외출을 자제하면서 세월을 보냅니다.

1930년대에 접어들면서 상하이는 조금씩 요동칩니다. 조선을 집어삼켰던 것처럼 중국을 탐낸 일본의 손길이 상하이로 뻗어온 것이지요. 일본인 승려의 죽음을 빌미로 제1차 상하이 사변을 일으키고, 만주를 점령한 뒤 청나라의 마지막 황제 부의를 데려다가 만주국을 세우기까지 합니다.

그러던 와중에 조선에서 민갑완에게로 전보 한 통이 날아옵니다. 일본어로 쓰인 전보의 내용은 '어머니가 돌아가셨다'는 것이었습니다. 충격에 빠진 민갑완은 기절했다가 병원에서 눈을 뜹니다. 하지만 혹시나 조선으로 돌아갔다가 체포되지 않을까 하는 염려 때문에 초상을 치르러 귀국하지도 못하고 맙니다. 뒤이어 민갑완의 상하이 망명에 결정적인 역할을 했던 외삼촌 이기현이 갑작스럽게 쓰러지고, 조선에 남아있던 또 다른 남동생 민억식도 혼인을 앞두고 사망하는 일까지 터집니다. 슬픔과 절망뿐인 그녀의 삶은 그래도 계속 이어집니다.

다행히 좋은 일도 있었습니다. 함께 상하이로 온 남동생 민천식이 나이가 차서 혼인을 한 겁니다. 홀로 사는 누나를 두고서는 절대로 장가를 가지 않겠다는 남동생에게 민갑완이 가출을 감행하겠다는 협박을 한 끝에 성사시킨 겁니다. 조선으로 돌아간 민천식은 파평 윤씨 집안의 윤정순과 혼인한 뒤 함께 상하이로 돌아옵니다. 두 사람 사이에서 딸이 태어나면서 민갑완은 상하이 망명 이후 처음으로 행복을 느낍니다.

민갑완은 어린 조카들을 돌보면서 세월을 보냅니다. 중간에 구혼자들이 나타나지만 그녀는 자신의 운명은 이미 정해졌다면서 모두 거절합니다. 그녀의 시간은 무심하게 흘러갑니다. 그 사이 일본은 만주를 집어삼킨 것도 모자라서 중국 전체를 차지하기 위해 중일전쟁을 일으킵니다. 왜 혼자 지내느냐는 주변의 물음조차 희미해질 무렵, 일본의 패망과 함께 광복이 찾아왔습니다. 그녀가 조국을 떠나 상하이로 망명을 온 지 사반세기 뒤인 1945년 8월 15일의 일이었지요.

조국으로 돌아오다

일본이 패망하고 조국이 광복을 찾았다는 연락을 받은 그녀에게 든 생각은 회한이었습니다. 할머니와 부모님, 외삼촌과 남동생까지 차례로 세상을 떠나면서 그녀의 삶은 주변 사람들과의 이별로 가득했습니다. 오랫동안 감정을 억누르면서 지내온 탓인지 그녀에게는 광복의 기쁨 대신 떠나간 사람들에 대한 그리움이 가득했습니다.

조국이 광복하면서 상하이에 있던 조선인들은 모두 고국에 돌아갈 꿈에 부풀었지요. 하지만 민갑완은 그대로 남겠다고 얘기합니다. 그녀에게 고국은 부모님과 남동생이 세상을 떠난 상태라 아는 이 없는 낯선 곳이기 때문입니다. 하지만 주변의 설득을 못 이겨 다음 해인 1946년 5월, 남동생 가족들과 함께 상하이를 떠나 고국으로 돌아옵니다.

황해를 건너 인천에 도착한 민갑완은 감개무량해합니다. 하지만 곧 주변에 아무도 없었던 탓에 외로움을 느낍니다. 설상가상으로 오랜 생활 터전이었던 상하이를 떠나왔던 탓에 경제적으로도 궁핍한 생활을 하게 됩니다. 왜 돌아온다고 했을까 후회하던 그녀에게 뜻밖의 도움의 손길이 다가옵니다. 바로 의친왕 이강이 그녀의 딱한 사정을 듣고 운현궁에 있는 양관에서 거주하라고 허락한 겁니다.

기운을 차린 민갑완은 친척인 민규식을 찾아가서 도움을 요청하고 교육 사업에 뛰어들 준비를 합니다. 한창 준비를 하면서 시내를 돌아다니던 그녀는 분위기가 이상하다는 것을 눈치 챕니다. 서둘러 집으로 돌아온 민갑완은 화신백화점에서 북한군이 침공했다는 내용의 벽보를 보게 됩니다. 거리에는 헌병들이 차를 타고 돌아다니면서 휴가 나온 군인들에게 어서 부대로 복귀하라는 방송을 하고 있었고요. 그날이 1950년 6월 25일이었습니다.

저녁이 되자 포성이 들려왔지요. 민갑완은 그제야 전쟁이 터졌다는 것을 실감했습니다. 설상가상으로 회사에 출근했던 남동생 민천식이 인민군에 끌려가버리고 말았습니다. 절망한 그녀는 스스로 목숨을 끊으려고 했지만, 천만다행으로 민천식은 무사히 돌아옵니다. 어딘가로 끌려간 민천식은 함께 귀국선을 타고 돌아오면서 친해진 독립군과 마주친 겁니다. 인민군으로 복무하던 그는 민천식을 몰래 풀어줍니다.

"어쩌다 여기로 잡혀온 거요? 날이 밝기 전에 얼른 돌아가시구려."

"고, 고맙습니다."

풀려난 민천식은 곧장 집으로 돌아옵니다. 아마 남아있었다면 그대로 북한으로 끌려갔을 겁니다. 그녀의 친척인 민규식은 이때 납북된 뒤 영영 돌아오지 못했으니까요.

민갑완은 남동생 가족들과 피난을 떠납니다. 파혼과 가족들의 잇따른 죽음에도 꿋꿋하게 버티던 민갑완에게도 한국전쟁은 견디기 힘든 고통이었습니다. 그녀의 자서전에서는 한국전쟁 기간은 물론 이후의 상당 부분이 등장하지 않습니다. 그녀의 기억이 다시 시작된 것은 1958년 6월입니다.

민갑완과 남동생 가족들은 전쟁을 피해 청주를 거쳐 부산에 자리를 잡았습니다. 다행히 영어를 잘 하던 민천식이 지나가던 미군과 우연찮게 얘기를 나눈 것을 계기로 미국공보원에 취직하면서 숨통이 트였지요. 미국공보원은 전쟁이 끝난 후에 서울로 올라가지만, 민천식은 따라가지 않고 부산에 남습니다. 죽을 뻔한 기억이 남은 서울로 돌아가는 것을 꺼렸던 겁니다.

민갑완이 다시 세상에 나타나게 된 계기는 신문이었습니다. 〈동아일보〉에서 예전에 발행했던 신문들을 다시 발간했는데, 그중에 민갑완에 대한 기사가 실린 것을 본 한 독자가 그녀가 부산에 살고 있다고 〈동아일보〉에 알린 겁니다. 그걸 계기로 〈동아일보〉에서 그녀가 살고 있던 부산으로 취재를 온 겁니다.

뜻밖의 방문객을 맞이한 민갑완은 기자에게 자신의 지난 삶을 털어놓습니다. 그리고 며칠 후인 1958년 6월 29일 자 〈동아일보〉에 그녀에 대한 이야기가 기사로 나옵니다. '살아있는 한국여성의 절개'라는 제목의 이 기사는 민갑완의 지나온 삶을 자세하게 알려줍니다.

> 五(오)백 년 李朝(이조) 왕실의 최후의 계승자로 탄생한 왕세자 李垠(이은) 씨와 약혼했다가 왜정의 강압적인 破婚(파혼)으로 왕실의 운명과 함께 시들어진 한 떨기 '장미'가 아

직도 고고한 정조를 지키며 인생의 황혼기에 서있는 숨은 역사의 산 재료가 이곳 釜山(부산) 한구석에 잠자고 있다.

그녀의 비통한 삶이 알려지면서 사람들이 도움의 손길을 내밀었지요. 기사가 나간 지 두 달 후인 8월에는 동아대학교 교수인 권 모 여인이 나타납니다. 그녀는 민갑완의 삶에 감동을 받았다면서 '후생원'이라는 육영기관에서 아이들을 가르치는 일을 도와달라고 청합니다.

한국전쟁이 터지기 직전에 교육 사업에 종사할 꿈을 꿨던 민갑완은 권 모 여인의 제안을 승낙하고 후생원을 중심으로 아이들을 가르칠 꿈에 부풉니다. 〈동아일보〉는 이 기사의 말미를 '학교를 운영하려면 많은 도움이 필요하다'는 내용으로 마무리합니다. 하지만 다음 해 6월에는 안타까운 내용의 기사가 실립니다. 권 모 여인의 호언장담과는 달리 학교가 제대로 문을 열지 못하게 된 겁니다. 결국 그녀가 꿈꾸던 육영사업은 1년 만에 막을 내린 것이지요.

이후에는 독지가의 도움으로 지내다가 부산 지역의 채석장을 불하받습니다. 하지만 동업자가 그녀를 속이고 돈을 빼돌리면서 그마저도 실패합니다. 다행스럽게도 그녀의 사정을 딱하게 여긴 구황실관리국의 도움으로 그 채석장을 불하받으면서 그나마 안정을 찾게 됩니다.

그녀의 지나온 삶이 많은 사람들의 관심을 끌게 되면서 1963년에는 동성영화사에서 그녀의 일대기를 다룬 〈백 년 한〉이라는 영화를 제작합니다. 이 영화에서는 도금봉이 민갑완 역을 맡았습니다. 영화에 대한 전체적인 평은 좋지 않았습니다. 민갑완 역에 도금봉이 어울리지 않는다는 점과, 관객들의 눈물을 강요하는 내용 등이 비판을 받은 겁니다. 더군다나 1920년대가 배경인데 타이어를 단 우마차에, 최신형 자동차에, 형광등이 나오는 등 고증도 엉망이라는 지적까지 받습니다. 그나마 영화에서 고종의 장례식을 실제로 촬영한 필름을 삽입한 것은 좋은 평을 받았고요.

역사극이 아니라 신파에 불과하다는 신랄한 영화평 덕분에 흥행은 실패했습니다. 덕분에 민갑완은 영화의 대본료 45만 원을 받지 못했지요. 채석장에서도 별 수입이 나오지 않았습니다. 결국 민갑완은 막대한 빚을 졌고, 설상가상으로 병까지 앓으면서 극심한 고통을 겪습니다. 다행스럽게도 이번에도 슬픈 사연이 알려지면서 독지가들이 도움의 손길을 내밀었습니다.

민갑완의 삶이 그렇게 흘러가는 사이, 영친왕 이은의 삶 역시 흘러갑니다.

일본군 중장으로 지내던 중 광복을 맞이한 영친왕 이은은 민갑완과는 다른 종류의 충격을 받습니다. 평생 일본 귀족으로 살아왔고, 앞으로도 그럴 것이라고 믿었던 그에게는 어마어마한 충격이었지요. 일본을 점령한 미국이 귀족 제도를 폐지하고, '옛 귀족들'에게 막대한 세금을 물린 겁니다. 물론 영향력을 제거하기 위해서였지요.

영친왕 이은 역시 막대한 세금을 내고, 별다른 생계 유지 수단을 가지고 있지 않았던 탓에 우왕좌왕합니다. 조카인 이건 등은 아예 일본식 이름까지 가지고서 장사를 함으로써 새로운 시대에 적응하려고 했지요. 하지만 영친왕 이은에게는 버거운 일이었습니다. 설상가상으로 대한민국 초대 대통령 이승만의 냉대까지 겹쳤고요. 영친왕 이은은 이제는 낯선 타국이 된 일본에서의 차가운 삶을 이어가야만 했습니다.

영친왕 이은이 가지고 있던 마지막 희망은 미국 유학을 떠난 아들 이구뿐이었습니다. 영친왕 이은과 이방자는 아들 이구를 만나기 위해 측근의 만류에도 불구하고 일본 여권을 발급 받았으니까요. 영원히 돌아오지 못할 것 같던 영친왕 이은의 귀국은 1960년 4.19 혁명으로 이승만이 하야하면서 가능해진 것 같았습니다. 하지만 다음 해인 1961년 아들 이구를 만나러 하와이에 갔던 이은은 호텔 방에서 쓰러지고 맙니다. 결국 1963년 영친왕 이은은 의식을 잃은 채 꿈에도 그리던 조국으로 돌아옵니다.

귀국하자마자 병원에 입원한 영친왕 이은은 끝끝내 일어나지 못하고 1970년 5월 1일에 세상을 떠납니다. 영친왕 이은과 약혼했다는 이유로 평생 고통 속에서 살았던 민갑완은 2년 전인 1968년 2월 19일에 눈을 감았지요. 평생 그녀 곁을 지키고 돌봐줬던 남동생 민천식이 퇴근 후에 갑자기 쓰러져서 세상을 떠난 지 2주 후였습니다.

민갑완은 불교 신자였지만 임종 직전에 천주교 신자로 개종

합니다. 그래서 그녀의 장례식은 천주교 신부가 주관했습니다.

그녀의 장례 행렬은 3대의 경찰 오토바이가 호위하는 가운데

태극기를 펴든 동래여고의 학생들이 앞장서면서 진행됩니다.

장례를 치른 그녀의 시신은 용호동에 있는 천주교 공동묘지에

잠들었습니다.

그녀는 사망 6년 전인 1962년에 조카인 민병순에게 구술한

자서전인 《백 년 한》으로 자신의 지나온 삶을 돌아봤었습니다.

그녀는 어떠한 마음가짐으로 평생 그런 삶을 살았을까요?

백 년의 한, 천 년의 슬픔

〈동아일보〉 기자는 인터뷰를 하면서 왜 지난 50년간 절개를 지

켜왔느냐고 묻습니다. 그녀는 침착하게 대답합니다.

"한국 여성의 지조가 얼마나 강한지를 일본인들에게 보여줌

으로써 우리의 비운을 복수하려고 한 겁니다."

이 짧은 문장은 조선 왕실의 여인이 될 뻔했던 그녀가 어떤

마음을 먹고 살아왔는지를 잘 보여줍니다.

　조선이 국권을 빼앗기면서 왕실은 일본 왕족으로 편입됩니다. 그러면서 일본의 학문을 배우고 그들의 풍습을 익힙니다. 그들과 혼인을 하면서 조선 왕실의 정체성이 흔들렸고요. 그뿐만 아니라 일본의 지배 체제 속에서 부귀영화까지 누립니다.

　조선의 왕실 사람들이 일본의 귀족으로 살아가는 동안, 민갑완은 자신이 굳이 지킬 필요가 없는 '절개'를 끝까지 지키면서 살아갑니다. 오늘날 우리가 조선 왕실 대신 민갑완, 그리고 조국의 독립을 위해 목숨을 잃어야만 했던 수많은 독립운동가들을 기억해야 하는 이유가 바로 여기에 있습니다. 사실, 굴복과 복종 그리고 배신에는 이유와 목적이 존재합니다. 친일매국노의 대표격인 이완용, 조선 최고의 문인이었음에도 변절한 이광수도 자신들의 행동을 변명할 수 있습니다. 하지만 그들의 변명이 변명으로 그칠 수밖에 없었던 것은 민갑완 같은 존재가 있기 때문입니다.

　민갑완은 자신에게 주어진 운명을 지키기 위해 단 한 번 밖에 주어지지 않은 삶을 걸었습니다. 민갑완의 고통과 슬픔으로 점철된 삶은 그 시대를 살아가야 했던 조선 사람들이 겪어야만 했던 삶과 일치합니다. 사람들은 그녀의 삶에서 자신을 보았기에 기꺼이 슬퍼하고 공감했던 겁니다.

　오늘날 아무도 조선 왕실에 대해서 기억하지 않으려고 하는 이유는, 사람들의 기억력이 짧기 때문이 아니라 그들을 기억해야만 하는 이유를 찾지 못했기 때문입니다. 영친왕 이은과의 인연을 지키기 위해 오롯이 한평생을 바친 민갑완의 삶은, 이렇듯 지리멸렬해진 왕실의 후손들의 삶과 여러모로 대비됩니다.

우리에게 왕실이란?

지난 2006년 9월 29일 서울 힐튼 호텔에서는 흥미로운 행사가
열렸습니다. '대한제국황족회'라는 단체에서 의친왕 이강의 둘
째 딸인 이해원 옹주를 대한제국의 제30대 여황제로 추대한 겁
니다. 순종이 제27대 임금이었고, 영친왕 이은과 아들 이구가
각각 제28대와 제29대라고 계산한 겁니다. 아울러 총리대신과
비서실장도 지명했습니다.

황족회는 이날 추대식을 열고 여황제를 옹립한 것을 시작으

로 정부의 지원을 촉구하고, 일본과의 대화에 나설 것을 천명했습니다. 영친왕 이은의 유일한 아들이었던 이구가 후계자를 얻지 못한 상태에서 2005년 일본의 아카사카프린스 호텔에서 객사한 뒤였지요. 그 호텔은 영친왕 이은과 부인 이방자가 살던 저택이 있던 자리에 세워졌던 곳이랍니다.

아무튼 이런 이유로 의친왕 이강의 생존한 후손들 중에서 가장 연장자인 이해원 옹주를 여황으로 옹립한 겁니다. 1919년에 태어난 이해원은 1936년 경기여자고등학교를 졸업한 뒤, 게이오 대학을 나온 이승규와 혼인합니다. 광복 이후 한국전쟁이 터지면서 공무원으로 일하던 남편 이승규가 납북당하는 비극을 겪습니다. 1992년 미국으로 이민을 갔다가 10년 후인 2002년에 귀국해서 둘째 아들과 함께 경기도 하남시에서 거주하고 있었지요.

이해원 옹주의 여황추대식은 언론의 관심을 끌었지만 대중들의 반응은 싸늘했습니다. 인터넷에 오른 해당 기사에는 아주 부정적인 댓글들이 달렸지요. 내부 문제도 복잡했고요. 2005년에 이구가 아들 없이 사망한 후 전주이씨대동종약원에서는 이미 후계자를 지목한 상태였기 때문입니다. 의친왕 이강의 아홉 번째 아들인 이충길의 장남 이상협이 바로 그 사람입니다.

이원으로 이름을 바꾼 이상협은 황사손으로서 왕실의 각종 제사에 참여하고 있었습니다. 1962년 서울에서 태어난 이원은 고등학교를 졸업한 뒤 가족과 함께 미국으로 이민을 간 뒤 뉴욕대학에서 신문방송학을 전공합니다. 1995년 귀국한 이원은 기획사와 방송사에서 근무하다가 현대홈쇼핑에서 방송본부장을 역임합니다. 2005년 이구의 양자로 입적된 것을 계기로 방송사를 퇴직합니다. 전주이씨대동종약원에서는 이구의 양자가 있는 상태에서 또 다른 사람을 후계자로 삼는 것은 혼란만 가중시킨다는 의견을 내놓았습니다. 하지만 이해원 옹주를 옹립한 대한제국황족회에서는 "이원의 양자 입적은 이구의 사후에 결정된 일이니 무효다"라고 주장하면서 팽팽한 의견 대립을 보였습니다. 이런 와중에 이우의 숨겨진 아들이라고 주장하던 인물이 DNA 조사 결과 허위로 밝혀지는 기가 막힌 일까지 벌어졌습니다.

대중에게 왕실의 후손들 중 가장 잘 알려진 인물은 의친왕 이강의 열 번째 아들인 이영길입니다. 이석이라는 이름의 대중 가수로 활동하면서 〈비둘기 집〉이라는 노래를 히트시켰고, 왕실의 후손이라는 점이 알려지면서 눈길도 끌었습니다. 한국외국어대학교 서반어학과를 졸업한 그는 대학 재학 중에 틈틈이 노래를 부르고 DJ로 활동했습니다. 그러다가 미 8군 무대에 오르면서 본격적인 가수 활동에 나섰고, 〈비둘기 집〉을 히트시켰지요. 1979년 미국으로 이민을 갔다가 1989년에 귀국한 뒤 가수 활동을 재개하지만 극심한 생활고를 겪습니다. 찜질방을 전전하던 중에 우연히 언론에 이 사실이 알려지면서 사람들에게 왕실 후손들의 비참한 삶을 떠올리게 만들었습니다. 2004년 전주 한옥 마을에 있는 승광재에 거처를 마련할 수 있었습니다. 이곳에서 방문객들을 상대로 강연을 하는 한편, 황실문화재단을 이끌면서 왕실 복원 운동을 펼치는 중입니다.

여기서 독자 여러분에게 질문을 하나 드려야 할 것 같습니다. 21세기의 우리에게 왕실이 필요할까요?

1910년 한일 강제병합을 끝으로 조선 왕조는 막을 내립니다. 물론 왕실은 일본 왕족에 편입되면서 일제강점기 내내 지배 계급에 편입되어 부유하고 안락한 생활을 누립니다. 물론 의친왕 이강처럼 임시정부가 있는 상하이로 망명을 시도하거나 이우처럼 조국의 독립 이후를 준비했던 왕족도 있었습니다. 하지만 영친왕 이은이나 이건을 비롯한 대다수의 왕족들은 일본이 베푸는 혜택을 받아들이면서 온전히 자신들만의 삶을 살아갑니다.

일본에 국권을 빼앗긴 직후에는 유림들을 중심으로 한 독립운동이 활발하게 일어났습니다. 하지만 고종의 죽음을 계기로 이런 움직임은 급격히 사라집니다. 다른 무엇보다 왕실의 구성원들이 일본의 지배에 별다른 저항을 하지 않았기 때문입니다. 이때부터 독립운동의 성공 이후 새로운 국가의 체제는 자연스럽게 공화정이 됩니다. 이런 흐름 덕분에 1945년 광복 이후 어떤 유력한 정치인의 입에서도 왕실 복원이나 입헌군주제에 관한 얘기가 나오지 않았습니다.

만약 의친왕 이강의 상하이 망명이 성공했거나 이우가 히로시마에서 죽지 않고 살아서 정치에 참여했다면 얘기가 달라졌을지도 모릅니다. 하지만 살아남은 영친왕 이은은 차일피일 귀국을 미뤘고, 이건은 아예 일본인이 됩니다. 물론 대통령이던 이승만의 냉대와 견제 때문에 귀국이 쉽지는 않았지요. 하지만 이승만의 이런 움직임은 정치적인 계산이라기보다는, 이왕가가 친일파 노릇을 했던 데 대한 멸시와 냉대라고 보는 것이 더 정확할 것 같습니다.

어쨌든 살아남은 이왕가 사람들은 조국과 민족보다는 개인의 삶에 더 많은 관심을 기울입니다. 영친왕 이은은 끝까지 일본 왕족이라는 신분에 대한 미련을 버리지 못하는 모습을 보여줍니다. 더군다나 결정적으로 미국으로 유학을 간 아들 이구를 만나기 위해서 일본 여권을 발급받고 말았습니다. 평소 그의 후원자를 자처하던 김을한마저 충격에 빠져 "일본인으로서의 이왕 전하란 아무런 가치가 없다!"는 말을 할 정도였습니다. 물론 대한민국 정부에서 여권 발급을 차일피일 미뤘기 때문에 어쩔 수 없이 일본 여권을 발급받을 수밖에 없었던 것이지요. 하지만 이 일이 미칠 파장을 감안한다면 좀 더 신중했어야만 했습니다. 우여곡절 끝에 1963년 11월, 영친왕 이은과 이방자는 귀국합니다. 하지만 귀국 직전에 쓰러졌던 영친왕 이은은 마지막 순간까지 침대에서 벗어나지 못한 채 세상을 떠납니다.

영친왕 이은의 아들 이구도 마찬가지였습니다. 영친왕 이은의 유일한 아들이었던 그는 조선 왕실의 유일한 후계자이기도 했습니다. 하지만 이구 역시 왕실의 후계자로서 행동하는 대신 자신의 삶을 사는 데 열중합니다. 그리고 이해할 수 없는 행동으로 주변의 신뢰를 잃습니다. 사실 왕실이 쇠락해버린 결정타는 이구의 행적이 원인일 수 있습니다.

1931년에 태어난 이구는 1950년에 미국 유학을 떠납니다. 이방자는 유학에 반대했지만, 영친왕 이은은 넓은 세상에서 마음껏 살라면서 응원해주었습니다. 미국으로 떠난 이구는 1953년 MIT 대학 건축과에 입학하면서 건축가의 길을 걷습니다. 이구는 조선도 일본도 아닌 제3의 나라인 미국에 정착하기로 마음을 먹은 것 같았습니다. 씩씩하게 지내는 아들의 모습을 보고 싶었던 영친왕 이은과 이방자는 일본 여권으로 출국하는 무리수를 두면서까지 미국에 있는 아들을 보러갑니다. 이방자는 이때 "미국에서 셋이 지내던 때가 가장 행복했어요"라고 추억합니다. 누구도 자신들을 알아보지 못하는 것이 더 할 나위 없이 좋았다면서 말이지요. 이때 이구는 부모님에게 결혼 상대자로 줄리아 멀록을 소개합니다. 두 사람은 1958년 교회에서 결혼식을 올립니다.

건축가로 활동하던 이구의 삶에 변화를 가져온 것은 역시 아버지인 영친왕 이은의 귀국 문제였습니다. 큰 걸림돌이었던 이승만이 하야했지만, 영친왕 이은은 얼마 전에 쓰러진 상태였습니다. 그래서 이구 부부가 대신 대한민국을 방문하게 됩니다. 이때 엄청난 환영을 받게 되면서 두 사람은 조금씩 대한민국으로 돌아올 생각을 합니다. 아버님을 옆에서 지켜드려야겠다는 생각이 마음속에 자리를 잡은 겁니다. 1963년 11월 22일에 영친왕 이은과 이방자 부부, 이구와 줄리아 멀록 부부는 대한민국으로 돌아옵니다. 이구는 침대에서 일어나지 못하는 아버지를 대신해 왕실 종손으로서 활동하게 됩니다. 그러면서 차츰 부인 줄리아 멀록과의 사이가 멀어집니다. 두 사람 사이에 아이가 없다는 점과, 그녀가 미국인이라는 것 때문입니다. 가장 결정적이었던 것은 이구의 마음가짐이었지요. 이구가 주변의 흔들림에 넘어간 겁니다. 결국 두 사람은 갈라섭니다.

이후 이구는 건축가로 활동하면서 사업을 벌이기도 했지만 실패합니다. 큰 실망을 안은 채 일본으로 돌아간 이구는, 아리타 기누코라는 정체불명의 무속인과 같이 지내게 됩니다. 귀국하라는 주변의 충고에도 불구하고 일본에 계속 머물던 이구는 아리타 기누코와 함께 눈살을 찌푸릴만한 기행을 펼칩니다. 필리핀의 주택 건설을 둘러싼 사기극에 휘말려 재일교포 사업가에게 고소를 당한 것이지요. 자신이 잘 알던 투자자를 소개시켜준다면서 소개비만 챙긴 것이 문제가 된 겁니다. 재일교포 사업가는 이구가 알선비만 챙기고 필요한 자금을 구해오지 못하자 돈을 갚겠다는 각서를 요구했습니다. 그리고 이구가 돈을 갚지 못하자 고소한 겁니다. 이구는 법정에서 돈을 갚겠다는 각서가 강제로 작성되었다고 주장했지만 받아들여지지 않습니다. 그러니까 이구는 아리타 기누코의 사기 행각에 이용당한 겁니다.

이후 대한민국으로 돌아오지만 곧 일본으로 돌아가버립니다. 종묘대제 같은 제사 때에만 한국에 돌아왔다가 일본으로 돌아가는 일이 계속 반복된 것이지요. 결국 2005년 7월 19일, 사람들의 기억 속에서 잊혀져버렸던 이구는 언론에 다시 등장합니다. "도쿄의 한 호텔에서 심장마비로 세상을 떠났다"는 기사 때문이었습니다. 세상을 떠나기에는 이른 나이였지만, 지나온 삶은 그 누구보다 무거웠습니다. 죽은 다음에야 조국으로 돌아온 이구의 장례가 창덕궁에서 치러진 후 아버지인 영친왕 이은의 무덤 옆에 자리를 잡습니다.

앞서 설명한 대로 이원으로 이름을 바꾼 이상협이 이구의 후계자로서 왕실의 각종 제사에 참여하게 됩니다. 하지만 왕실의 후계자로서는 이구가 마지막이 됩니다. 사실상 왕실의 명맥이 끊어져버렸다고 봐도 무방할 겁니다. 대한제국황족회에서 이해원 옹주를 여황으로 추대한 것이나, 전주이씨대동종약원에서 이상협을 이구의 후계자로 내세운 것 모두 가문 내부의 일이지 국가나 국민 차원에서 관심을 기울여야 할 일은 아닌 셈이니까요.

저는 여기서 '의무(oblige)'라는 단어를 떠올립니다. 헌법에 '권리'와 '의무'라는 단어가 명확하게 새겨지기 이전부터 사람들은 자신의 직책에 맞는 책임을 져야 한다는 사실을 인식하고 있었습니다. 서양에서는 그걸 '노블레스 오블리주(Noblesse oblige)'라고 부릅니다. 프랑스어인데, "큰 힘에는 큰 책임이 따른다"는 뜻이지요. 이는 오랫동안 서양의 귀족 사회를 지탱하는 명분이 되었습니다. 영국의 이튼스쿨 이야기는 노블레스 오블리주의 대표적인 사례로 꼽힙니다. 일본의 학습원처럼 귀족 자제들만 들어갈 수 있는 이 학교의 학생들은 제1차 세계대전과 제2차 세계대전에 수천 명씩 참전해서 막대한 희생자를 냈습니다. 이런 전통은 영국 왕실의 왕자들이 장교로 복무하면서 포클랜드 전쟁과 아프가니스탄 전쟁에서 활동하는 것으로 이어졌고요.

이런 전통은 조선에도 존재했지만, 안타깝게도 근대로 접어들면서 우리에게서는 멀어집니다. '사회 지도층 인사'라고 불리는 인물들의 탈세와 병역 비리, 권력 남용은 하루가 멀다 하고 언론을 장식합니다. 그들에 대해서는 제대로 된 처벌도 이뤄지지 않고, 은근슬쩍 넘어가는 일들이 많습니다. 그렇게 된 것에는 근대화가 제대로 이루어지지 못한 채 일제강점기로 접어들었고, 광복 이후에도 매국노들에 대한 제대로 된 처벌이 없었다는 점이 꼽힙니다. 상류층 사람들이 자신의 책임과 의무를 인식할 만한 역사와 전통이 없었기에 이런 일들이 반복되는 것이기도 하고요.

만약 조선 왕실이 노블레스 오블리주와 같은 모범적인 전통을 앞장서서 보여줬다면 이런 문제는 상당 부분 희석되었을 겁니다. 하지만 영친왕 이은을 비롯한 왕실 사람들은 일본의 지배 체제에 편입된 채 부유하고 안락한 삶을 누립니다. 광복 후에는 자신의 삶을 우선하는 모습까지 보여서 조국에 큰 실망을 안깁니다. 결정타는 역시 마지막 왕손인 이구의 모습이었습니다. 그런 일들이 겹치면서 우리 곁에서는 조선 왕실의 그림자가 차츰 사라져갑니다. 조국이 그들을 버린 것이 아니라, 그들이 조국을 버렸으니까요.

참고문헌

도서

제국의 후예들(대한제국 후예들의 삶으로 읽는 한반도 백년사) / 정범준 / 황소자리 / 2006

한국 근대의 풍경(그림으로 읽는, 개항부터 해방 후까지 역사를 응시한 결정적 그림으로, 마침내 우리 근대를 만나다) / 이충렬 / 김영사 / 2011

못생긴 엄상궁의 천하(마지막 황태자 1) / 송우혜 / 푸른역사 / 2010

황태자의 동경 인질살이(마지막 황태자 2) / 송우혜 / 푸른역사 / 2010

왕세자 혼혈결혼의 비밀(마지막 황태자 3) / 송우혜 / 푸른역사 / 2010

평민이 된 왕 이은의 천하(마지막 황태자 4) / 송우혜 / 푸른역사 / 2012

조선공주실록(화려한 이름 아래 가려진 공주들의 역사) / 신명호 / 역사의아침 / 2009

대동단실기 / 신복룡 / 선인 / 2014

경계에 선 여인들(역사의 급류에 휩쓸린 동아시아 여성들의 수난사) / 야마자키 도모코 저, 김경원 역 / 다시헌 / 2013

대한제국 황실 비사(창덕궁에서 15년간 순종황제의 측근으로 일한 어느 일본 관리의 회고록) / 곤도 시로스케 저, 이연숙 역 / 이마고 / 2007

낙선재의 마지막여인(조선의 황태자비 이방자 평전) / 오타베 유지 저, 황경성 역 / 동아일보사 / 2009

덕혜옹주(대한제국 마지막 황녀) / 혼마 야스코 저, 이훈 역 / 역사 공간 / 2008

왕이 못 된 세자들 / 함규진 / 김영사 / 2009

대한제국 마지막 황태자 영친왕의 정혼녀 / 민갑완 / 지식공작소 / 2014

옷과 그들 / 김유경 / 삼신각 / 1994

논문

일본 자료로 보는 이우 공 전하의 생애 / 요코타 모토코 / 아시아민족조형학보 제15집 / 2015

히노데소학교의 덕혜옹주 / 권숙인 / 일본비평 2호 / 2010

일제강점기 이왕가(李王家) 재산의 구성과 관리 : 기본재산(基本財産)을 중심으로 / 신명호 /
부경대학교 인문사회과학연구 제16권 제4호 / 2015

일제하 '조선 왕실'의 지위와 이왕직의 기능 / 이윤상 / 한국문화 제40집 / 2007

1915~1921년도 구황실(李王家) 재정의 구성과 그 성격에 관한 고찰 / 김명수 / 장서각 제35집 / 2016

일제하 이왕직(李王職)의 직제와 인사 / 장신 / 장서각 제35집 / 2016

李王職의 유래와 장서각 소장 이왕직 자료의 沿革 / 이왕무 / 장서각 제31집 / 2014

기타

조선 왕조실록 : sillok.history.go.kr

네이버 뉴스 라이브러리 : newslibrary.naver.com

이우 황손 226일 감시일지 : 군산 동국사 종걸 스님 제공

제국의 그림자
덕 혜 옹 주

지은이 | 정명섭 · 박지선
페이지 | 208페이지
정　가 | 12,000원
펴낸곳 | 책우리
출간일 | 2016. 8. 8 초판1쇄
ISBN | 978-89-93975-16-1 43910
판　형 | 신국판변형

주　소 | 경기도 부천시 원미구 중동 898번지 삼성홈타운 501호
전　화 | 02 2644 8361
팩　스 | 02 2644 8361